전공자도 비전공자도
IT 업계에서
억대 연봉 만들기

'아이티리치(IT Rich)'가 알려주는 부자 되는 방법론!

전공자도 비전공자도 IT 업계에서 억대 연봉 만들기

초판 1쇄 인쇄 2022년 10월 20일
초판 1쇄 발행 2022년 10월 26일

지은이 김민형

발행인 백유미 조영석

발행처 (주)라온아시아
주소 서울특별시 서초구 효령로 34길 4, 프린스효령빌딩 5F

등록 2016년 7월 5일 제 2016-000141호
전화 070-7600-8230 **팩스** 070-4754-2473

값 18,000원
ISBN 979-11-92072-94-4 (03320)

※ 라온북은 (주)라온아시아의 퍼스널 브랜드입니다.

라온북은 독자 여러분의 소중한 원고를 기다리고 있습니다. (raonbook@raonasia.co.kr)

'아이티리치(IT Rich)'가 알려주는 부자 되는 방법론!

전공자도 비전공자도 IT 업계에서 억대 연봉 만들기

김민형 지음

RAON BOOK

결국 꿈꾸는 자가 원하는 것을 이룰 수 있다

2020년 11월, 나는 개발자 8년 차로 퇴사했다. 내가 다니던 회사는 계열사도 많고 코스피에 상장된 회사였다. 그리고 연봉도 높은 편이었고, 인사고과도 좋아 주변 동료나 선배들, 임원들에게 평판도 좋았다. 그러던 어느 날, 내가 기존에 하던 업무와 연관성이 낮은 새로운 부서로 인사 발령이 났고, 경력 단절이 되고 싶지 않아 퇴사를 고민하게 되었다. 그렇게 곰곰이 생각해보니 직장 생활만 해서는 노후 준비를 충분히 할 수 없겠다는 판단이 들었고, 더 젊은 나이에 시작하면 남들보다 빠르게 경제적 자유라는 목표에 도달할 수 있을 거라는 생각에 과감하게 퇴사했다.

주변에서 대단하다는 말과 부럽다는 말을 많이 들었지만, 퇴사 후 2년 가까이 수익도 없이 목표를 향해 준비하며 오랜 기간을 버텨야만 했다. 미래학 관련 책들을 읽으면서 '어떤 사업 아이템을 가져갈까?' 고민하고, 최신 기술을 알리는 여러 박람회에 참여하며 세미나도 듣고 최신 트렌드 정보를 알기 위해 노력했다. 그러다 국내 유명 스타트업이 모이는 '스타트업 커밋'이라는 행사에 참여했으며, 그곳에서 우연히 개발자 인력난을 고민하는 스타트업 대표들의 얘기를 직접 듣게 되었다. 대기업들이 과도하게 연봉을 높여 개발자들을 흡수하면서 개발자 연봉은 올랐지만 정작 스타트업들은 개발자가 부족해 새로운 기술들을 시도해보고 싶어도 할 수 없는 악순환에 빠져 있었다.

이 시기에 '내가 스타트업에는 필요한 인력들을 공급해주고, 종사자들에게는 스타트업을 다니면서도 돈을 많이 벌 수 있도록 도와주면 어떨까?' 하는 생각이 들었다. 젊은 나이에 경제적 자유를 이루기 위해 누구나 1억 연봉을 꿈꿀텐데 그 IT업계 취업과 창업을 통해 연봉 1억원을 만들어 주자라는 생각으로 'IT 업계에서 연봉 1억 원 만들기'라는 가제를 만들고 네이버 카페 '아이티리치'를 운영하게 되었다. 그렇게 IT 직무를 하고 싶은 사람들 또는 이미 IT 직무를 하는 사람들에게 도움이 되는 콘텐츠를 계속 만들게 되었다. 이 자료들을 모아 책을 출간하면 열심히 일하는데 왜 맨날 같은 모습인지 답답하거나, 조금 더 잘 살아보고 싶은 IT 종사자분들에게 도움이 되겠다는 생각에 이르렀다.

이 책을 통해 나는 최신 트렌드 기술을 배우고, IT 업계에 취직해서 돈 버는 방법 뿐만 아니라 궁극적으로 IT 업계에서 부자가 되는 데 필요한 모든 방법론을 담고자 했다. 지난 8년간 개발을 하고 퇴사 후 돈 버는 방법을 공부하고 직접 실천해보며, 여러 성공 법칙과 방법론을 연구했다. 이 책을 통해 IT 업계에 취업하는 방법,

관련 공부법, 회사 생활 노하우, 소통 능력, 업무에 필요한 글쓰기 방법 이외에도 추가적으로 부자가 되는 성공 법칙까지 습득하길 바란다.

수백만 원의 부트캠프(Bootcamp, 단기간에 집중하여 코딩 지식을 가르치는 방식)에서도 알려주지 않는 알짜배기 방법을 알게 될지도 모른다. 나는 카카오나 네이버에서 개발 기술을 배운 개발자도 아니고, 억대 연봉을 받아본 사람도 아니다. 그러나 대단하지 않기 때문에 할 수 있는 이야기가 있다고 생각한다. 나의 도전은 여전히 현재 진행형이다. 아직 모두가 인정할 만한 성과를 만들지는 못 했지만, 도전이 없으면 어떤 변화도 일어나지 않는 건 분명하다.

도전에는 늘 리스크가 따르기 때문에 안정망 확보를 위해 일단 취직만을 목표로 하는 사람들이 많다. 그런데 회사에 다니는 것만으로는 내 노후를 보장할 수 없는 시대에 우리는 살고 있다. 지금 대비하고 미리 도전하지 않으면 빠르게 변화하는 이 세상에서 우리는 뒤처질 수밖에 없다. 변화의 중심에 IT가 있다. IT 역량을 높이는 것은 그 어느 것보다 더 확실한 미래 설계와 안전망을 가져다 줄 것이다. 이 책이 많은 이에게 IT 관련 직무 확장의 중요성을 알리고, 부자가 되고 싶다는 막연한 희망이 아니라 할 수 있다는 자신감으로 확고한 목표를 세우고 달려 나가는 계기가 되었으면 좋겠다.

스펙이 평범한 나도 이렇게 8년 가까이 IT 업계에서 살아남았고, 새로운 도전을 하고 있다. 미래를 위해 책을 펼쳤다는 것만으로도 여러분은 깨어있고 부지런한 사람이 될 수 있다는 증거다. 그런 여러분이 나보다 못할 리 없다. 성과가 당장 내 눈 앞에 보이지 않더라도 목표를 향해 가다 보면 결국엔 다다를 수 있다. 모두가 원하는 경제적 자유에 이르는 로드맵을 짜고 돈 걱정 없이 행복하게 인생을 꾸려나가길 바란다. 여러분의 억대 연봉과 행복을 진심으로 응원한다. 나의 도전도 멈추지 않을 것이다!

김민형

차 례

2장

IT 잡에 필요한 역량 일곱 가지

3장

성공적인 IT 전직을 위하여

4장

차세대 IT 리더의 조건

5장

IT 업계로의 진출, 직무 확대, 이직

6장

써먹을 수 있는 면접, 글쓰기, 습관의 노하우

1장

IT 역량, 이젠 선택이 아닌 필수다

디지털 세상,
직장과 직업의 판이 바뀌다

로봇이 서빙하고 접객까지 하는 세상

요즘 식당에 가면 심심찮게 보이는, 생소한 풍경이 있다. '서빙 로봇'이 그 주인공이다. 식당에 키오스크가 처음 등장했을 때 사람들은 기계 앞에서 많이 당황하고 낯설어했지만 지금은 키오스크 주문 방식을 아주 자연스럽게 받아들인다. 이처럼 서빙 로봇도 아마 몇 달 지나지 않아 자연스러운 우리 풍경 속으로 들어올 것이다. 2022년 5월에는 '우아한형제들'이 단순 서빙만 하는 로봇에서 접객도 가능한 새로운 실내 자율주행 서빙 로봇 '딜리플레이트S'를 선보여 화제가 되기도 했다.

이는 2019년부터 서빙 로봇 공급을 시작해 식당에 무인화 기술을 적용하는 일을 주도한 우아한형제들의 다음번 도전인 셈이다. 로봇이 자율주행을 하면서 음식을 운반하는 데에서 더 나아가 손님을 맞이하고 자리를 안내하는 접객까지 하다니, 디지털 세상의 변화가 어디까지 진화할지 정말 놀라울 지경이다. 10년 전에는 이런 세상을 상상이나 했을까? 이처럼 디지털화는 점점 빠르게 진행되고 있다. 그리고 이에 따라 일자리에서도 전격적인 변화가 이미 진행되고 있다.

로버트 라이시(Robert Reich) UC 버클리 정책대학원 교수는 코로나19 팬데믹이 새로운 형식의 계층 변화를 더 가속화시킬 수 있다고 말했다. 그가 말한 새로운 계층은 네 가지다. 첫 번째는 원격 근로자(The Remotes)로 공간의 제약을 받지 않고 재택근무가 가능한 전문가 계층이고, 두 번째는 필수 근로자(The Essentials)로 의사나 간호사, 경찰, 운전기사 등 필요한 인력들이다. 세 번째는 임금을 받지 못하는 사람들(The Unpaid)로, 자영업자를 포함해 코로나19로 직격탄을 맞은 직업군이 이에 해당한다. 그리고 마지막 네 번째는 잊혀진 사람들(The Forgotten)로 난민이나 교도소 수감자, 노숙자 등 아예 보이지 않는 사람들이다.

굳이 라이시 교수의 말을 듣지 않더라도 이미 단순노동직·사무직 근로자들의 자리는 점점 사라져 가고 있다. 우리는 시대의 격변기를 맞을 때마다 항상 이런 과도기를 겪곤 했다. 아마 많은 사람들이 이로 인해 패닉에 빠질 것이고 어려움에 처할 것이다. 그리고 다른 직업을 찾기 위해 고군분투해야 할 것이다. 코로나19 팬데믹이 변화의 속도를 가속화시켰을 뿐 미래가 흘러가는 방향은 한 번도 바뀐 적이 없었다.

이미 기술은 빠른 속도로 발전하고 있다. 없어질 위기에 처한 일을 하고 있는 근로자들은 지금 당장 대비하지 않으면 안 된다. 언제 일자리를 잃어버려도 이상하지 않은 시기가 곧 오게 될 것이기 때문이다. 이럴 때 미리 미래를 준비한 사람과 그렇지 못한 사람의 차이는 클 것이다. 이미 다가와 있는 디지털 세상, 직장 말고 직업을 준비한 사람은 시대에 적응해 안착할 것이고 그리하지 못한 사람들은 힘겨운 시간을 한동안 보내야 할지도 모른다.

미래를 위한 네 가지 질문을 해보자

"지금 나는 무슨 일을 하고 있나?", "지금 나의 직업은 안전한가?", "다가올 몇 년 후를 대비해 나는 어떤 직업을 준비하고 있나?", "내가 준비하려고 하는 그 직업은 안전한가?" 하는 네 가지 질문을 지금 바로 스스로에게 해보자. 그리고 이 질문에 명쾌한 답변을 바로 할 수 있는지 여부를 가늠해보자. 만약 첫 번째와 두 번째 질문에 대한 답변이 나왔다면 세 번째, 네 번째 질문에 대한 준비도 자연스럽게 이어져야 할 것이다. 그래서 이 네 가지 질문은, 직장과 직업의 판이 바뀌는 전환기에 꼭 필요한 필수 질문이라고 할 수 있다.

로봇과 인공지능으로 수많은 직업들이 대체되고 있고 앞으로도 이 현상은 더 두드러질 것이다. 자동화 프로그램과 인공지능의 발달로 많은 기업들이 회사 시스템을 재조직해서 인건비를 줄이는 중이다. 내가 마지막으로 근무했던 회사도 코로나19 팬데믹 시기를 겪으면서 회사가 분리되고 인원을 다수 감축했다. RPA(Robotic Process Automation: 로봇 프로세스 자동화)를 도입하면서 반복적이고 규칙적인 단순 업무를 다수 자동화시켰고 수기(手記)로 하던 일들도 더 효율적으로 자동화시키려는 노력을 곳곳에서 시도했다. 수기로 하던 공장의 검수, 출하를 ERP 프로그램으로 모니터링할 수 있도록 한 것이 대표적이다. 이 같은 스마트 공장(Smart Factory) 시스템 도입이 점점 늘어나면서 사무직 노동력 수요는 점점 줄어들었고, 인원 감축도 이어졌던 기억이 있다. 이처럼 디지털화는 이미 우리 곁에, 우리 직장과 직업에 깊숙이 침투해 들어와 있다고 해도 과언이 아니다.

인재 경쟁 시대가 열렸다

급속히 변하는 산업 환경 속에서 과연 어떤 직업을 가진 사람들이 안전할까? 바로 '지금 당장 산업과 사회가 필요로 하는 것을 만들어내는 사람들'이다. 디지털화하려는 시도 속에서 중심에 있는 '그 사람들'이 너무 필요하다. 기술은 가속화되어가고 새로운 기술은 범람해가는데 그 기술을 가진 전문가들은 턱없이 부족하다. 수요와 공급의 법칙은 직업의 세계에서도 여전히 통용된다.

대기업뿐 아니라 성장 가능성이 높은 많은 스타트업들은 앞다투어 '새로운 기술력을 확보한 인재들'을 모셔가려고 서로 경쟁한다. 억대 연봉은 기본이고 복지와 스톡옵션, 자유로운 유연 근무까지 그 혜택도 넘쳐난다. 그게 지금 벌어지고 있는 개발자 몸값의 진실이다.

이런 현상이 지속된다면, 아마 IT 직업군 가운데서도 옥석이 가려질 것이다. 단순한 코딩만 하는 기술자들은 인공지능이나 자동화 프로그램으로 대체되어버릴지 모른다. 그러나 각 분야 업무의 전문가로서 기획 능력부터 개발 기술까지 겸비한 멀티플레이어 인재들의 몸값은 더욱 높아질 것이다. 그리고 그들을 모셔가기 위한 기업들의 경쟁도 그만큼 치열해질 것이다. 불을 보듯 뻔히 보이는 이런 시대에 어떤 직업을 갖고 어떤 조건을 갖추어야 하는지 고민하지 않는다면, 그리고 새로 생겨날 기술들을 끊임없이 흡수하고 역량을 키워나가지 않는다면, 우리가 맞이해야 할 미래는 지금 결정되어 있다고 단언해도 좋을 것이다.

'직무 영역'을 확장한다는 것

그렇다면 다가올 디지털 사회에 대비하기 위해 너도나도 개발 기술을 배워 무조건 개발자로 일해야 할까? 이것만이 정해진 유일한 답일까? 디지털 세상이라고 해서 무조건 개발자만 살아남는 시대라는 의미는 결코 아니다. 개발자들의 몸값이 치솟는 것은 현실이지만, 그것은 어디까지나 그 직무에 적합한 분야에 국한된 이야기다. 전문 개발자가 되고 싶다고 해서 모두 그 직군에 흥미가 있는 것은 아닐뿐더러, 개발 일을 배운다고 모두 그 기술을 습득할 수 있는 것도 아니기 때문이다.

우리가 주목해야 할 것 그리고 우리가 갖추어야 할 역량은 변화의 시대를 감지하면서 지금 자신이 하고 있는 업무에서 영역을 끊임없이 '확장'시켜 나갈 수 있는 실력을 쌓는 것이다. 그 확장 영역이 자신이 지금 하고 있는 분야와 직접적으로 연관성이 있을 수도 있고 때로는 전혀 연계성이 없을 수도 있다. 그러나 트렌드를 읽고 미래에 대한 나름의 비전을 가지고 준비하는 자세는, 아무리 세상이 달라진다 해도 변하지 않는 귀중한 역량이자 태도다.

지금 이 책을 읽고 있는 독자들 역시 모두 개발자는 아닐 것이다. 직업도, 직종도 다르지만 개발 쪽에 관심이 있는 분도 있을 것이고 개발자가 아닌 다른 쪽 직무를 준비하고 있지만 IT와 관련한 추세를 알고 싶어서 호기심에 책을 읽는 분도 있을 것이다. 어느 분야든 지금 자신이 잘하고 있는 분야를 접지는 말자. 다만 지금 하는 일에 매진하면서, 세상의 변화와 속도에 늘 귀를 기울이고 눈을 크게 뜨는 자세는 잃지 말자. 그래야 현재 직무에서 한 발 더 나아간, 잡 스페이스를 확장시킬 기회가 왔을 때 이를 알아차릴 수 있다. IT 리더는 여러 분야에 걸친 인재들의 종합이 될 가능성이 높다. 그때 자신의 자리를 차지하고 싶다면, 지금 준비는 필수다.

변화는 이미 시작되었다

이렇게 변화의 필요성을 아무리 강조해도, 아직은 닥치지 않은 먼 미래의 일이라 생각하고 느긋하게 마음을 먹는 사람도 있을 수 있다. 그러나 변화는 현재 진행형이며, 그 속도도 점점 빨라지고 있다. 이미 많은 기업들이 빠른 디지털화를 시도하고 인원 감축을 시행하고 있다. 코로나19 팬데믹 동안 비대면이 생활화되면서 변화의 속도엔 스피드가 붙었다.

정부도 이에 발맞추어 인공지능, 빅데이터, 가상현실 분야에 많은 돈을 투자하고 있다. 삼성전자에서는 비개발자들에게도 필수적으로 개발자 교육을 시킨다. 그리고 현재 초중고 학생들도 필수적으로 코딩을 배우고 있다. 단언컨대 뒤처지는 건 '지금 기초적인 코딩 기술 하나 없이 사는 당신'뿐이다. 보이지 않는 곳에서 얼마나 단단하게 준비된 사람들이 올라오고 있는지, 그들이 기본으로 갖추고 있는 역량이 어느 정도 되는지조차 가늠하지 못한 채 지금 그 자리에 머물러 있다면, 우리는 뒤처질 수밖에 없다.

어느 회사에서나 필요로 하는 인재란?

그렇다면 다가올 세상에서는 어떤 직업들이 주목받을까? 차세대를 리드할 대표적인 직업군은 무엇일까? 그것이 어떤 영역이 되었든, 나는 디지털 역량이 기본으로 탑재된 이들이 주도해 나갈 것이라 말하고 싶다. 어느 시대나 영업 사원, 마케터들은 없어지지 않는 필수 직군이었다. 하지만 이제는 그들도 디지털 역량을 사용해야 뒤처지지 않는 시대가 올 것이다. 빅데이터로 고객의 동선을 파악하고, 세대별·성별 취향을 분석하며, 인공지능으로 그 고객들에게 맞는 상품을 자동으로 추천해주며 고객을 끌어모을 것이다.

인공지능, 빅데이터 분야에서도 수많은 직업들이 새롭게 생겨나고 있지만, 기존 직업군에서도 첨단 기술을 활용하지 못한다면 남들보다 속도와 성과 측면에서 뒤처질 수밖에 없다. 디지털로 역량을 갖추고 이를 다양하게 접목해서 직무에 활용하는 마케터를 '그로스 마케터(Growth Marketer)'라고 부른다. 즉, 회사의 성장을 위한 마케터라는 의미다. 이 마케터들과 데이터 사이언티스트, 빅데이터 전문가 그리고 그 데이터들을 저장하는 클라우드 관리 전문가들은 디지털화를 시도하려는 회사들이라면 어디서나 필요로 하는 인재들이다.

지금이 제일 빠른 시기다

이미 이 변화를 캐치하고 발 빠르게 나가고 있는 사람들은 많다. 그러니 '지금이라도 더 이상 늦어지지 말아야겠다'라는 마음으로 임하도록 하자. 지금이라도 그들을 따라간다면 우리는 충분히 일찍 출발한 사람들과 같은 지점에 이르러 어깨를 나란히 할 수 있다. 그리고 좀 더 노력한다면 한 발 더 앞서나갈 수도 있다. 달라진 직장과 직업의 판도에 뛰어들어 유리한 고지를 빠르게 선점하자. 지금이 제일 빠른 시기다. 지금 하는 일에 치이느라 시간과 여유가 없고 고단해도 미루지는 말자. 지금 배우지 않으면 다음날은 더 따라가기 힘들어질 테니까 말이다.

개발자 몸값, 부르는 게 값인 이유

개발자, 모시기가 하늘의 별 따기

최근에 '배달의민족'에 다니는, 개발 분야의 일을 하지 않는 후배와 밥을 먹으며 얘기를 나눈 적이 있다. 그 후배는 나에게 개발 분야를 하는 사람들과 아닌 사람들의 몸값의 차이에 대해서 이야기를 나눴다. 일반 관리직 직원과 개발자의 연봉 차이는 거의 2천만 원 이상이며, 실적에 따라 연봉 상승률도 엄청나다고 한다. 같은 회사인데 연봉만 2천만 원이 차이가 나다니, 어떻게 이런 일이 가능할까?

'네라카쿠배당토직야'는 2022년 현재 스타트업을 선도하는 유망 기업을 일컫는 말이며 '네이버, 라인플러스, 카카오, 쿠팡, 배달의민족, 당근마켓, 토스, 직방, 야놀자'의 첫 글자를 줄인 말이다. 대한민국의 내로라하는 인재들은 모두, 이 아홉 개 기업으로의 이직을 꿈꾼다 해도 과언이 아닐 정도로 이 기업들의 인기는 연일 높아지고 있다. 근무 조건과 연봉, 복지 수준도 좋아서 네이버가 개발자들 연봉을 올리면 카카오가 따라서 올리는 식으로 핑퐁 게임을 하듯 연봉 인상을 주고받는다고 한다.

후배가 4년 전 배달의민족에 입사할 때만 해도 단순 서버 관리자나 웹 개발자만 모집했는데 지금은 인공지능, 빅데이터, 프론트엔드, 백엔드 등 정말 다양한 분야의 개발자들을 뽑고 있다고 한다. 이곳에 입사하려면 치러야 하는 코딩 테스트의 난이도는 매우 높으며 또 이 테스트를 통과하더라도 면접 과정이 만만치 않다고 한다. 이 고난이도의 관문을 모두 통과한 쟁쟁한 실력자들이 들어오다 보니, 실제 각각의 역량도 뛰어나고 다른 회사로의 이직도 쉽다고 한다. 후배의 말을 듣고 보니, 대한민국을 주름잡는 플랫폼 대기업들이 핑퐁을 하듯 연봉을 서로 올리는 이유가 이해되었다. 이탈을 막기 위해서는 회사가 이들에게 '잘 보일' 수밖에 없는 것이다.

개발자다운 개발자가 부족하다

2022년 5월 8일 〈서울경제〉는 '억대 연봉에도 품귀…클라우드 개발자 찾아 삼만리'라는 기사에서 웬만한 시니어급 클라우드 개발자들의 연봉이 1억 후반에 달하며, 이렇게 연봉을 높게 부르는데도 여전히 개발자는 턱없이 부족한 현실을 보도하기도 했다.

이런 현상은 왜 생기는 것일까? 우리나라에 개발자가 부족해서일까? 절대 아니다. 우리나라에 개발자는 정말 넘쳐난다. 소프트웨어정책연구소(SPRi)에서 실시한 '2020년 소프트웨어 실태조사'에 따르면 개발자 수는 2018년부터 꾸준히 늘어나는 추세에 있음을 알 수 있다. 2020년 개발자는 38만 6,600명으로 전년도인 2019년 38만 2,700명 대비 약 4천 명가량 늘어났는데, 이 수치 또한 전년도인 2018년 35만 9,300명 대비 3만 명가량 늘어난 수치다.

이렇게나 많이 개발자가 배출되는데 왜 여전히 개발자들 몸값은 천정부지로 솟구치는 걸까? 그것은 정말 필요로 하는 분야에서 잘하는 개발자, 전문 분야가 확실한 개발자가 턱없이 부족하기 때문이다. 앞서 살펴본 소프트웨어정책연구소의 실태조사 중 경력별 현황을 보면 개발자는 3년 미만 경력이 약 8만 3천 명(26.6%), 3~5년 미만 경력이 약 9만 6천 명(30.7%), 5~10년 미만 경력이 약 7만 1천 명(22.8%)으로 10년 미만 경력이 80.1%를 차지한다. 10년 이상의 경력을 가진 개발자를 '시니어 개발자'라고 하는데 기업들이 원하는 시니어 개발자의 숫자가 턱없이 부족한 것이다.

소프트웨어정책연구소에서 조사한 기업의 채용 애로사항 중 1순위는 '필요한 역량을 갖춘 인력 부족'으로 비중은 52.6%였다. '입사 지원자 수의 절대적인 부족'이라는 의견은 불과 5.9%에 불과했다. 개발자가 부족한 게 아니라 기업이 원하는 역량을 갖춘 개발자가 부족한 것이다. 프로그램 개발 언어별 인력 현황을 봐도 그렇다. 2020년 기준 자바(Java)(39.2%), C/C++(32.4%), 자바스크립트(JavaScript)(24.9%) 순으로 2017년부터 비교해봐도 크게 변하지 않았다. 현재 많이 쓰이고 있는 파이썬 언어는 인력이 약 3%에 불과

했다. 계속 써오던 언어에 인력이 몰려 있는 걸 볼 수 있다. 물론 C 언어나 자바도 개발자를 여전히 많이 필요로 하기는 하지만 새로운 언어를 잘하는 개발자가 많이 부족하다는 사실은 변하지 않는다.

따라서 요즘 웬만한 대기업들은 자체적으로 개발자를 양성하고 있다. 특히 눈길을 끄는 건 배달의민족이다. 신문 보도에 따르면 SK그룹의 에너지·화학 계열사인 SK이노베이션은 최근 개발자를 채용하면서 배달의민족을 운영하는 우아한형제들의 '우아한테크코스' 수료 이력을 우대자격으로 명시했다고 한다. IT 업계에 따르면 우아한테크코스는 우아한형제들이 개발자 인력 부족 현상을 해결하기 위해 2019년 개설한 실무 역량 코스로서, 교육비 전액을 우아한형제들이 지원한다고 한다. 45명을 배출한 1기의 경우 우아한형제들을 비롯해 카카오, 네이버파이낸셜, 쿠팡, 야놀자 등에 취업하며 취업률 95%를 기록했다고 하며 2기 졸업생들도 96%의 취업률을 보였다. 그 덕에 2022년 모집 중인 4기 과정에는 웹백엔드 과정의 경우 18:1, 웹프론트엔드 과정의 경우 15:1의 경쟁률을 보였다고 한다(최성수, 'IT 인재 양성소 된 우아한테크코스…95%가 카카오·쿠팡 등 취업', 〈데일리한국〉, 2022. 2. 22. 참조).

이미 나와 있는 해답지

이런 여러 사실들이 돈을 잘 벌 수 있는 방법, 시대에 뒤떨어지지 않고 오랫동안 일할 수 있는 방법을 알려주고 있다. 이미 정답이 공개된 해답지라고 할까. 그렇기에 지금부터 이대로만 준비하면 당연히 안정된 미래도, 또 안정된 연봉도 가능하다. 그런데 왜 지금 당장 시작하지 않는 걸까? 방법도 나와 있고, 길도 뚜렷이 드러나 있는데 말이다.

그 이유는 아마도 해답은 알지언정 목적지에 이르는 길이 매우 녹록지 않기 때문일 것이다. 개발자, 특히 전문적인 분야의 기술을 획득한 개발자가 되는 길은 매우 험난하다. 배우는 데도 오랜 시간이 걸릴뿐더러 전문가 소리를 들으려면 많은 공을 들여야 한다. 그 때문에 인재가 여전히 부족한 것이지만 말이다. 또한 아무리 실력을 갖추었더라도 본인이 원하는 연봉 협상에 성공하는 과정에는 많은 커뮤니케이션 능력, 협상 능력 등이 필요하다. 연봉 협상을 한 번이라도 해본 사람들은 연봉 협상에서 갑의 위치에 서는 게 얼마나 어려운지 알 것이다. 기업에서 원하는 바로 그 기술을 가진 개발자여야만 유리한 위치를 선점할 수 있는 것이다. 이제 해답지를 알았으니, 준비하고 출발할 때다.

점점 진화하는, 개발자들을 위한 복지

IT 정보 일간지 〈ZD 넷코리아〉(2022. 5. 19.)에 따르면 배달의민족에서는 지난 1월 주 32시간 제도가 도입되었다고 한다. 물론 업무량 때문에 정확히는 32시간보다 더 일하긴 하지만 주 4일 근무는 점점 정착되어가고 있다고 한다.

그런가 하면 코로나19로 인한 사회적 거리두기가 해제된 이후에도 네이버나 카카오는 재택근무를 줄이기는커녕 오히려 상시 재택근무제도로 전환하고 있다. 거기에 더해 재택근무를 지원하면 제주도나 다른 휴양지 어디에서도 일할 수 있도록 펜션이나 호텔 비용까지 지원해주는 제도도 있다고 한다.

이런 복지제도의 확대는 모두 뛰어난 개발자들을 모셔오기 위한 IT기업간 경쟁의 일환이다. 지금 여러분이 머물러 있는 회사는 어떠한지 한번 생각해보자. 사회적 거리두기가 해제되고 나서 다시 출근하고 있지 않은가? 제주도 카페에서 바닷가를 보며 일하고 싶지 않은가? 시대의 흐름을 잘 읽고 트렌드를 따라 IT 역량을 쌓는다면 이러한 복지를 누리는 것도 남의 일이 아닌 것이다.

'억대 연봉 개발자'라는 말에 생략된 단어

'억대 연봉 개발자'와 관련한 기사들이 난무하기 때문에 너도나도 개발자가 되려고 난리다. 내 사촌 동생이 다니는 대학교에서도 문과로 입학을 했더라도 억대 연봉 개발자가 되기 위해서 데이터사이언스학과를 부전공으로 하고자 하는 학생들이 많다고 한다. 그러나 이 '억대 연봉 개발자'라는 말에는 생략된 단어가 있다.

바로 '시니어급'이라는 단어다. '시니어급'이라는 말은 쉽게 말하면 경력이 많아서 실력이 좋은 개발자를 뜻한다. 일반적으로 개발 일을 시작한 지 몇 년 안된 개발자를 주니어급 개발자라고 하는데 우리나라는 주니어급 개발자는 많지만 아쉽게도 시니어급 개발자는 많지 않다. 주니어급 개발자들은 직접 양성하면 된다. 그러나 시니어급 개발자를 양성하기는 쉽지 않기 때문에 연봉 인상을 통한 인재 빼기 경쟁을 치열하게 하고 있는 것이다. 디지털 트렌드는 빠르게 변화하고 있고 이걸 반영해서 남들보다 앞서가기 위해서는 잘하는 시니어급 개발자들이 많이 필요하다. 그런데 시니어급 개발자가 부족한 탓에 억대 연봉 경쟁이 이루어지는 것이다.

이 말은 곧 개발자로 취직한다고 해서 억대 연봉으로 가는 길이 자연스럽게 열리는 것은 아니라는 말이다. 그러니 돈만 보고 쉽게 생각하면서 개발자에 도전하지는 않았으면 한다. 누구나 배울 수 있기는 하지만 개발자의 삶은 고단하다. 불시에 야근을 할 수도 있고, 도와줄 수 있는 선배도 없이 혼자 맨땅에 헤딩하기가 부지기수다. 코딩이라는 건 몸만 안 썼지 3D 직종처럼 몸과 뇌가 모두 고단한 노동이다. 막노동에 가까운 고된 노동을 시니어급 개발자가 되기 위해 10년 가까이 버텨야 억대 연봉 대우를 받을 수 있다. 그럴 자신이 없으면 시작도 하지 말아야 한다.

코딩이 뭐길래?

코딩이란 대체 어떤 것이며 왜 '막노동'이라고 불리는 걸까? 우리가 보는 네이버 화면이나 카카오톡 등의 앱들은 모든 화면 하나

하나 작동 하나하나 프로그램으로 되어 있다. 11번가, G마켓, 인터파크 등에서 상품을 구매해본 적이 있을 것이다. 이 쇼핑몰 화면 하나하나 버튼 클릭 하나하나 이것들을 일일이 컴퓨터가 이해할 수 있도록 코딩으로 프로그램 언어를 사용해서 지시를 내려줘야 한다. 얼마나 번거로운 일인가? 수백 줄이 아니라 수천 줄, 수만 줄의 코딩을 일일이 손으로 적어줘야 한다.

최근에는 이런 코딩을 간소화할 수 있는 인공지능 툴도 나오고 있지만 여전히 사람의 개입은 필수이기 때문에 이 작업을 100% 자동화로 대체하기는 힘들다. 지금도 많은 IT 회사들과 그 밖의 모든 기업에서 개발자를 필요로 한다. '시스템'을 안 쓰는 기업은 없기 때문이다. 대부분의 회사는(제조업이든 판매업이든 커다란 자동차회사든 상관없이) 생산-판매-구매로 이어지는 전 과정을 모두 데이터로 저장한다.

회사뿐만 아니라 개인들도, 하다못해 초등학생 아이들까지도 스마트폰을 활용해 자신의 일정을 기록하고, 카카오톡이나 인스타그램 등으로 다른 이들과 링크되어 자기 스케줄을 조정한다. 버스 도착 시간을 알기 위해 버스 도착 앱을 깔아 활용하고, 필요한 제품을 사기 위해 자동으로 가격 비교를 해주는 앱을 활용한다. 우리가 사는 세상은 이미 개발자가 편하게 만들어 구축해놓은 것들을 기반으로 하고 있다. 평소 당연하게 여기며 쓰는 것들 하나하나 개발자의 손이 거치지 않은 것이 없다.

코딩은 이제 필수 역량이다

정공법으로 개발자의 길을 계속 걸어가서 억대 연봉에 도전하는 것도 좋다. 그러나 지금 개발자가 아닌 일을 하고 있는 사람이 있고 그 일이 적성에 맞다면 일부러 직업을 바꿀 필요는 없다. 그러나 코딩은 꼭 배우도록 하자. 지금까지는 코딩을 배우지 않고도 살아갈 수 있었지만 앞으로는 코딩 역량이 없으면 분명 뒤처지는 시대에 살게 될 것이다.

2022년 1월 〈동아일보〉의 기사 '삼성전자, 모든 직군 신입사원에 코딩교육…융·복합 인재 육성 나서'를 보면, 삼성전자가 신입사원 모두에게 기초 코딩교육을 실시한다는 내용이 있다. 이에 따라 다른 대기업에서도 신입사원들 모두에게 코딩교육을 실시하려는 움직임이 보인다고 한다. 삼성전자가 이런 기획을 한 이유는 우리가 활용하는 시스템을 알고 활용하기 위함이다. 회사에서 쓰는 모든 시스템들이 다 코딩으로 이루어졌는데 코딩을 모르고는 원활한 업무 소통이 되지 않기 때문일 것이다.

개발자 가운데도 일반 개발자보다 개발을 기획하는 사람의 연봉이 훨씬 높다. 이들은 현업을 제대로 아는 전문가이며 코딩 역량까지 갖추고 있어 업무의 핵심이 되는 컨트롤타워 역할을 충분히 할 수 있다. 따라서 더 높은 가치를 인정받는 것은 당연하다.

취직이 점점 어려워지면서 창업에 도전하는 2030들도 많아지고 있다. 그런데 창업자에게도 코딩 역량은 필수다. 뭘 팔려고 해도 판매 페이지가 코딩으로 이루어져 있다. 만약 외주를 맡긴다고 해도 코딩을 전혀 모르는 사람이 효율적으로 의뢰를 할 수 있을까? 혹시 페이지 수정을 해야 하거나 문제가 생겼는데 외주를 맡긴 업체가 사라졌다면 불편한 채로 그 시스템을 쓰거나 다시 거액의 돈을 들여 판매 페이지를 만들어야 할지도 모른다. 코딩을 모르고도 세상을 살아갈 수는 있겠지만 코딩을 모르면 돈 벌기 쉽지 않은 세상이 될 것이다.

다가올 디지털 세상에 대비하라

선도 기업과 후발 기업

애플의 창업주 스티브 잡스가 바지 뒤춤에서 스마트폰을 꺼내 들었을 때 세상은 환호했다. 그러고 나서 삼성, 노키아 등의 기업들이 스마트폰 시장에 속속 진출했다. 2002년 6월, 일론 머스크가 민간 우주항공기업인 '스페이스X'를 설립하고 우주선 발사 비용을 10분의 1로 줄인다고 발표했을 때 러시아를 비롯한 세계 각국 사람들은 민간 기업의 돈키호테 같은 이 계획에 비웃음을 던졌다. 그런데 일론 머스크가 쏘아 올린 우주 계획은 자율주행자동차를 조율하고 통제하는 위성 인터넷 사업과 맞물려, 막대한 규모의 우주 산업의 시발점이 되고 있다.

최첨단 혁신 기술에는 늘 이를 선도하고 주도하는 리더 기업이 있게 마련이다. 그리고 앞서가는 이들 기업을 보고 그 뒤를 따르는 후발 기업들이 있다. 이 같은 양상은 소규모 회사들에서도 벌어진다. 새로운 조직문화, 새로운 기획, 새로운 아이디어를 사업에 적용하는 선두주자가 있는가 하면, 이를 뒤따르는 후발주자들이 있다. 내가 다니던 회사도 후자 쪽이었다.

그렇다면 이 같은 선도 기업과 후발 기업을 가르는 차이는 어디에서 비롯되는 것일까? 위험을 감수하고 비전을 보고 뛰어드느냐 위험을 최소화하고 뒤처지지 않을 만큼만 조심스럽게 따라가느냐의 차이가 있다. 그런데 결과적으로 선두주자들은 시장을 지배하고 후발주자들은 성장이 더디고 따라가기 급급할 것이다.

여기서 말하고 싶은 포인트는 "후발주자도 선두주자처럼 해야 한다"라는 이야기가 아니라 "선두주자의 파급력으로 인해 후발주자도 굉장히 빠르게 그 흐름을 탄다"라는 것이다. 그 이유 중에 가장 큰 부분이 조직문화다.

리더가 알아서 트렌드를 반영하려고 의지를 가지면 가장 좋겠지만 대부분의 기업들은 밑에서 제안을 하고 리더가 승인해서 진행되는 문화가 많다. 그런데 주변에서 아직 하고 있지 않은데 하려고 하면 조심스러워하고 위험을 감수하지 않으려는 문화가 크다. 그래서 뭔가 앞선 트렌드를 먼저 도입하려고 하면 설득하기 쉽지 않다. 그러나 이미 동종업계에서 이렇게 하고 있다고 하면 쉽게 임원진 설득이 가능하다.

이미 앞서가는 기업들을 보면 나머지 기업들에서 어떻게 할지 빤히 보인다. 선두주자 기업들이 지금 움직이기 시작했다. 곧 후발주자들이 따라가게 될 것이다. 코로나19로 인해 더 빠르게 움직이고 있다. 그 선두주자들이 지금 하고 있는 게 디지털 트랜스포메이션(Digital Transformation)이다.

디지털 트랜스포메이션이란?

디지털 트랜스포메이션이란 일반적으로 기업에서 사물 인터넷, 클라우드 컴퓨팅, 인공지능, 빅데이터 솔루션 등을 플랫폼으로 구축해서 전통적인 방식을 디지털화시키는 것을 말한다. 제일 유명한 사례로 스타벅스 앱과 사이렌 오더를 들 수 있다. 우리는 단순히 '이 스타벅스 앱을 이용한 시스템이 커피를 앱으로 주문할 수 있게 만들었구나'라고 생각할 수 있는데 이면에는 다른 목적이 숨어있다. 스타벅스 앱을 통해 소비를 유도한 스타벅스는, 스타벅스 이용자가 앱을 통해서 구매한 내용들을 데이터로 쌓아서 활용한다. 방문 시간, 빈도, 소비 패턴 등 다양한 정보를 확보해서 더 정교한 마케팅을 가능하게 만든 것이다.

2018년 6월 선보인 드라이브스루 서비스 'My DT Pass'는 차량 정보를 등록하면 매장 진입 시 자동 인식을 통해 별도 결제 과정 없이 자동으로 결제되는 서비스다. 결제하는 시간마저 줄여서 더 빠르게 드라이브스루 서비스를 활용할 수 있게 만들었다. 이 모든 것들이 다 디지털 트랜스포메이션을 통해 구축되었다. 스타벅스가 이렇게 앞서가니 다른 커피 브랜드 업체들도 뒤따라 앱에 다양한 기능들을 구축하고 있다.

디지털 트랜스포메이션은 기회다

2022년 1월 5일에 나온 〈중앙일보〉 기사 '시승차는 가상공간서, 로봇은 집사가 되고…올해 화두는 VIPA'를 보면, 과학기술정보통신부와 협업해서 국민 20세에서 69세까지를 대상으로 디지털 전환 트렌드에 대한 설문조사를 한 결과가 있다. 설문조사 결과 디지털 전환 트렌드에 대해 아래와 같이 정의를 내렸다.

· 가상화(Virtualization): 가상현실을 기반으로 이용자와 공급자의 상호작용 심화
· 개인화(Individualization): 데이터 알고리즘에 기반한 개인 맞춤형 의사결정 강화
· 플랫폼화(Platformization): 전 산업·사회의 플랫폼화 확산
· 자동화(Automation): 로봇·지능정보기술이 생산의 자동화 가속

이 네 가지 흐름을 축약어로 'VIPA'라고 한다. 나는 2022년 6월에 코엑스에서 열린 '스마트테크코리아 2022'에 다녀왔는데 이걸 반영한 상품들이 정말 많이 나온 것을 확인할 수 있었다. 가상현실을 통해 유적지를 탐방하는 VR기기, 데이터 분석을 통해 사용자들이 원하는 상품을 추천해주는 플랫폼, 아이 영어교육이나 나이가 많으신 분들 돌봄 서비스를 할 수 있는 인공지능 로봇까지 정말 이런 트렌드 흐름에 따른 많은 상품들이 이미 시중에 출시 중이었다. 이미 디지털 트랜스포메이션은 코앞까지 다가와 있다.

개발자들에게는 디지털 트랜스포메이션이 정말 절호의 기회다. 디지털 트랜스포메이션을 위해서 외주 업체를 섭외한다면 그 외주 업체들은 개발자들을 다수 고용하게 될 것이다. 만약에 대기업에서 디지털 트랜스포메이션을 하고자 한다면 직접 개발자들을 준비할 것이며 대기업에서 자체 개발자들을 다수 고용하게 될 것이다. 점점 개발자들의 채용을 늘려갈 수밖에 없는 구조다. 이 디지털 트랜스포메이션이 어떤 방향으로 가느냐에 따라 필요로 하는 개발자가 달라진다. 그 역량을 우리가 갖추고 있다면 어떤 형태로든 지원해볼 수 있다.

개발자가 바라본 루나 코인 폭락 사태

디지털 가상화폐도 디지털 트랜스포메이션의 흐름 중에 하나다. 2022년 5월 루나 코인 폭락 사태로 20만 명에 이르는 투자자들이 손해를 보는 사태가 발생했다. 그뿐만 아니라 이 여파로 다른 가상화폐들도 연이어 떨어지고 있다. 개발자의 관점에서 보자면 '정말 이렇게까지 큰돈을 굴릴 수 있는 프로그램이 있었나?' 하는 생각이 든다.

"가상화폐는 투자자들은 손해보지만 개발자와 가상화폐 거래소들은 떼돈을 번다"라는 말이 있다. 실제로 가상화폐를 개발한 개발자들은 돈방석에 앉았고 가상화폐 거래소들의 연봉은 임원을 제외하고도 억대 연봉이라는 기사가 쏟아졌다.

2022년 4월 3일 〈이데일리〉 기사에 따르면 업비트 가상화폐 거래소를 운영하는 회사인 두나무 직원의 평균 연봉(2021년 기준 3억 9294만 원)이 시가총액 1위 삼성전자 직원의 평균 연봉(1억 4400만 원)의 2.7배라고 한다. 루나 코인을 개발하는 데 쓰인 프로그램 언어가 GO 언어와 파이썬(Python) 언어인데 이 두 가지만 할 줄 알아도 가상화폐 관련 회사에서 억대 연봉을 받을 수 있게 된 것이다. 개발자가 되면 큰돈을 벌 수 있는 시대가 이미 열렸다. 디지털 트랜스포메이션의 흐름이 더 가속화됨에 따라 개발자들이 돈을 벌 수 있는 시대가 된 것이다. 코인에 투자하는 게 아니라 코인을 만드는 개발자가 되는 게 더 큰돈을 벌 수 있는 길이다. 반드시 이런 흐름을 읽고 기회를 잡아야 한다.

2장

IT 잡에 필요한 역량 일곱 가지

개발자다운 소양을 먼저 갖추자

개발자 연봉에 대한 오해

2022년 2월 3일 〈전자신문〉에 실린 기사에 따르면 소프트웨어 기업들이 개발자 연봉을 일제히 인상하고 있다고 한다. 또한 2022년 1월 28일 〈동아일보〉에 실린 기사를 보면 부동산 중개 플랫폼 '직방'에서는 개발자 초봉을 8천만 원까지 제시했다. 그런데 정말 모든 개발자들의 연봉이 올랐을까? 연봉 인상을 체감하는 비율은 생각보다 많지 않다. 우리가 개발자 연봉에 대해 오해하고 있는 부분을 세 가지로 정리해보고자 한다.

첫째, 개발자만 되면 무조건 높은 연봉을 받을 수 있는 건 아니다. 특히 이제 막 개발자 준비를 하는 사람들은 당장 높은 연봉을 받고 일하기는 힘들다. 연봉이 인상되고 있는 개발자들은 이미 개발 일을 오래 하고 있었고 실력 있는 경력직 개발자들이다.

둘째, 경력이 오래된 경력직 개발자라고 해서 무조건 높은 연봉을 받을 수 있는 건 아니며, 경력직 개발자의 연봉이 다 오르지는 않는다. 지금 4차 산업혁명 관련 개발자를 많이 필요로 하는 분야가 있는데 그걸 잘하는 개발자를 찾기 힘들다 보니 품귀 현상을 빚고 있을 뿐이다. 인공지능, 빅데이터, 블록체인 등의 분야에서 많은 경력을 가진 실력자들을 모셔오고자 대기업들에서 공격적인 투자를 하고 있기 때문에 그런 경력 개발자들의 연봉이 억대 연봉 수준까지 인상되고 있는 것이다.

셋째, 4차 산업혁명 관련 기술을 배우면서 경력을 쌓을 경우 높은 연봉을 받을 확률은 높지만 당장은 쉽지 않다. 대기업에 들어가기는 더 쉽지가 않고 처음에는 스타트업이나 중소기업에서 경력을 쌓은 후에 높은 연봉을 받는 곳으로 이직하거나 실력으로 입증해서 협상을 통해 연봉 인상을 꾀할 수 있다.

개발자가 되면 무조건 억대 연봉이라도 받을 것처럼 말하지만 그러기 위해선 많은 노력과 경력이 필요하고 분야 선정 또한 중요하다. 그래도 다른 직종보다는 분야를 잘 선정해서 꾸준히 열심히 하면 빠른 연봉 인상을 기대해볼 수 있다.

이런 사람이라면 개발자 일을 하지 말 것

정부는 2018년 7월 1일부터 300인 이상의 사업장을 대상으로 주당 법정 근로 시간을 52시간으로 단축했다. 그리고 이 법을 단계적으로 적용해 2021년 7월부터는 5인 이상 사업장에는 주 52시간 근무제가 동일하게 적용되어 시행되고 있다. 우리나라에서는 52시간 근무제가 도입되기 시작한 2018년부터 '워라밸'이 새롭게 주목받기 시작했다.

워라밸은 '일(워크)과 삶(라이프)의 균형(밸런스)을 맞추자'라는 말이다. 그러나 개발자는 사실 워라밸이 지켜지기 힘들 수 있다. 개발자는 본인이 만들거나 수정한 프로그램에 문제가 생기면 언제든 해결할 준비가 되어 있어야 한다. 개발한 프로그램을 사용하는 사용자들에게 당장 해결해야 할 심각한 문제가 발생했을 때 책임을 지고 신속하게 수정해줘야 한다. 그리하다 보면 야근을 하거나 정시에 퇴근을 못하는 일들이 발생한다. 그리고 대부분의 시스템들이 사용자들이 사용하지 않는 시간에 테스트를 해야 하거나 서버를 재시작해야 하기에 어쩔 수 없이 야근을 해야 하는 일들도 생긴다. 회사에 따라 그런 일들이 거의 없는 회사도 있고 하는 직무에 따라 야근을 하지 않는 개발자들도 물론 있으니 지레 겁먹지는 않아도 된다. 수정할 일 없게 완벽하게 코딩을 한다면 얘기는 다르지만 경력이 많은 사람들도 완벽하게 해내는 사람들은 드물다.

이런 불편한 이야기를 하는 이유는, 연봉만 보고 무작정 개발자에 도전하고자 하는 분들에게 개발자의 마음가짐에 대해서 말하기 위해서다. 내가 생각하는, 절대 개발자가 되어서는 안 되는 유형의 사람들은 이렇다.

첫째, '루틴이 뚜렷한 업무'를 좋아하는 사람은 개발자를 하면 안 된다. 개발자들의 업무는 루틴이 뚜렷하지 않다. 기술의 발전에 따라 끊임없이 변하는 프로그램 개발 환경에 대응해야 하는 게 개발자 업무의 특성이기 때문이다. 지금 내가 사용하고 있는 프로그램 언어도 나중에는 잘 쓰이지 않는 언어가 될 수 있으므로 끊임없이 공부해야 한다. 만약 프로젝트라도 시작하게 되면 기한을 맞추기 위해서 야근을 하는 일도 잦다. 따라서 정해진 업무를 정해진 시간에 하는 것에서 안정감을 찾는 사람이라면, 개발자 일에 뛰어들었을 때 업무 외적인 것에서 오는 스트레스를 많이 받을 것이다.

둘째, 자신이 한 업무에 대해 스스로 책임을 지고 또 그 책임을 끝까지 짊어질 각오가 되어 있지 않다면 이 일에 섣불리 뛰어들어서는 안 된다. 개발자는 일을 그만두지 않는 한 자신이 개발하거나 수정한 프로그램에 대해서 무한 책임을 져야 한다. 또 언제든 자기 프로그램에 문제가 생겼을 때는 책임지고 최대한 신속하게 문제를 해결해야 한다. 내 위의 선배가 책임져주지 않고 내 팀장이 책임져주지 않는다. 내가 책임을 져야 한다. 물론 휴가 중이거나 급한 일이 생겨서 공석일 때는 다른 동료가 대신 수정해줄 수 있지만, 그마저도 간단한 버그가 아니라면 어디까지나 본인이 해결해야 한다.

이쯤 되면 이런 생각이 들지도 모르겠다. '이렇게 피곤한데 개발자 일을 해야 하나? 내가 너무 만만하게 본 거 아닌가?' 만약 이러한 생각이 들었다면 개발자라는 직업에 대해 이제야 진지하게 고민할 준비가 된 것이다.

개발자는 평생 갖고 갈 직업이다

그럼에도 불구하고 프로그램을 개발하는 직업은 여전히 매력적이고 또 할 만한 직종이다. 어째서 그럴까? 이렇게 힘들고 고된 일인데도 개발자를 하는 가장 큰 이유는 수없이 사라지는 직업들 속에서 끝까지 살아남을 직업 중에 하나이기 때문이다. 이제 개발자 없이는 뭐 하나 제대로 할 수 없는 시대가 오고 있다. 요즘 100세 시대라고 하는데 당신은 100세 시대를 살아가기 위한 경제적 준비가 되어 있는가? 지금 내가 하고 있는 직업이 사라진다면 그 후에 뭘 할지에 대해서 진지하게 고민해본 적이 있는가?

개발자가 된다는 건 평생 직업을 하나 얻는 것이다. 그것도 사라지지 않는 평생 직업이 생기는 셈이다. 나이가 들어서도 노트북 하나만 있다면 집에서도 할 수 있는 게 개발자 일이다. 요즘 코로나19로 인해 재택근무가 많이 시행되고 있는데 IT기업들은 다 재택근무가 얼마든지 가능하다. 환경의 영향을 안 받는다는 것은, 그만큼 사회 변화에도 흔들림 없는 직업의 안정성이 담보된다는 의미이기도 할 것이다. 개발자가 되면 집에서도 아무 문제 없이 일할 수 있는 환경이 주어진다. 핸드폰과 인터넷이 연결된 노트북만 있다면 어디서든 일할 수 있다.

개발자의 또 다른 좋은 점은 반드시 회사에 소속되지 않더라도 할 수 있다는 데 있다. 프로그램 개발 능력만 갖춘다면 프리랜서로도 충분히 자유롭게 일할 수 있는 게 개발자다. 개발자는 또한 정년퇴임이 없는 직종이다. 나이가 들어서 개발 일에서 속도를 발휘하기 어려워지면 프로그램 기획이나 관리자 역할로, 또는 프로젝트를 진행하는 위치로 얼마든지 갈 수 있다. 나이가 든다고 은퇴로 직결되는 게 아니라, 연봉 상승으로 자연스럽게 이어지는 것이 개발자의 워크 사이클이다.

생활 코딩 플랫폼을 활용해 IT 기초 지식 쌓기

코딩교육은 돈이 안 든다?

IT 쪽으로 이직을 계획 중이거나 취직을 하려는 사람들에게 어떻게 IT 역량을 쌓으면 좋을지에 대한 고민은 누구나 꼭 거치게 되는 첫 관문이다. "앞으로 코딩은 필수"라는 말은 많이 들어서 프로그램 언어 하나 공부는 해보려고 하는데 막상 시작하려고 하면 뭐부터 해야 할지 막막하기만 하다.

가장 먼저 찾는 방법은 보통 IT학원이나 코딩교육 관련 사이트 인터넷 강의다. IT학원들의 국비 지원과정이 돈도 안 들어가고 집중적으로 빠르게 배우기 좋다고는 하는데 기본 3개월, 6개월 되는 과정이 부담되기도 하고 개강일 맞추기가 쉽지가 않다. 게다가 일단 시작하면 너무 어려워서 못하겠더라도 중간에 취소하기 쉽지 않기 때문에 선뜻 시작하기가 쉽지 않다. 유료 인터넷 강의를 등록하려고 하니 '이거 등록만 해놓고 정작 내용이 별거 없어서 돈만

날리는 거 아닌가?' 하는 고민이 된다.

그러나 나는 첫 시작이라면, 굳이 돈을 쓰지 말라고 조언한다. 다행히 코딩교육은 기초 강의 같은 경우에는 무료로 인터넷 강의를 배포하는 곳들이 많다. 다만 무료 강의를 하는 곳에서는 심화 과정까지 배우기는 어렵고 궁금한 점이 생겼을 때 질문을 올리고 답변을 받는 게 시간이 걸릴 수 있음을 인지해야 한다. 혼자 독학을 하기 때문에 돈을 들여 학원을 다니는 것보다는 효율이 떨어지는 점도 감안해야 한다.

이처럼 코딩은 본인의 의지와 노력이 있다면 혼자서 얼마든지 공부할 수 있고, 돈을 들이지 않고 배울 수 있는 곳이 많다. 하지만 돈을 아예 들이지 않고 빠르게 실력을 키우는 건 어렵기 때문에 처음 개발을 접하는 분들이 기초 지식을 경험하고 개발이라는 게 어떤 건지 나한테 맞을지 확인하는 목적으로 활용해보기를 추천한다.

무료 교육 플랫폼

지금 당장 활용할 수 있는 무료 코딩교육 플랫폼을 몇 가지 소개하고자 한다.

개발자들의 위키백과, 생활코딩

개발의 기초를 배우고 싶어 하는 사람들에게 가장 유용한 사이트는 단언컨대 생활코딩이다. '개발자들의 위키백과'라고 불릴 정도로 프로그래밍 언어별로 이론 정리도 잘되어 있고 유튜브 채널로 강의 영상이 올라와 있다. 개발을 처음 접하는 분들을 위해 HTML이나 CSS와 같은 웹 개발 기초 강의들이 따라 하기 좋게 되어 있다. 목소리로만 강의가 진행되기 때문에 좀 지루할 수 있다는 단점이 있지만 개발 초보자들은 쉽게 접해보고 경험해볼 수 있다.

개발자들의 인싸, 노마드 코더

콜롬비아 국적의 니콜라스(Nicolas)라는 개발자가 운영하는 코딩 교육 사이트다. 영어로 강의가 진행되지만 아내가 한국인이라 한글 번역을 이해하기 쉽게 달아놓았다. 최신 개발 트렌드에 대한 유튜브 채널도 항상 업데이트되고 있고 이론부터 지루하게 배우는 게 아니라 클론 코딩이라는 걸 통해 똑같이 코드를 작성하면서 빠르게 코딩을 배울 수 있도록 해준다. HTML, CSS, 파이썬 등의 기초 강의는 무료로 열려 있고, 최신 개발 트렌드에 맞춰 심화 과정으로 새로운 프로그램 언어를 배우는 강의들은 유료로 배울 수 있다. '이론부터 하나하나 배우기가 좀 지루하다'라고 느끼는 사람들은 노마드 코더 사이트에서 무료 강의를 접해보기를 추천한다.

코딩 테스트 바이블, 프로그래머스

프로그래머스는 IT기업에 들어가기 위해서 필수로 거쳐야 하는 관문인 코딩 테스트를 공부하기 좋은 사이트다. 코딩 테스트를 연습할 수 있는 모의문제를 풀어볼 수 있게 오픈되어 있다. 그 외에도 무료로 열려 있는 프로그램 기초 강의들이 있다. 코딩 테스트 문제를 풀면서 게임처럼 레벨을 올릴 수 있는데 이 레벨로 자신의 코딩 테스트 실력이 어느 정도인지 측정하기도 좋다. 개발자 채용 공고도 같이 올리고 있어서 유용한 정보를 얻을 수 있다.

코딩 테스트는 IT기업들이 기초 역량이 있는지를 확인하기 위해 하는 검증 과정이다. 그만큼 코딩 테스트를 준비하면 코딩을 할 때 기본적으로 갖춰야 하는 알고리즘 능력을 키울 수 있다. 알고리즘이란 논리력을 말하는데 컴퓨터공학과에서 필수로 듣는 과정이기도 하다. 코딩을 할 때는 조건문을 많이 다루다 보니 논리적으로 오류 없이 효율적으로 코딩을 하는 방법을 배우기 위함이다. 이런 알고리즘 공부를 하기에 좋은 사이트이며 IT 취업을 할 때 자주 방문하게 되는 사이트이니 꼭 활용해보길 바란다.

TCP SCHOOL

이 사이트는 기초부터 심화 과정까지 이론이 체계적으로 정리가 잘되어 있다. 다양한 실습을 통해 예제를 바로 실행해볼 수 있는 장점이 있다. '생활코딩'과 좀 유사한 부분은 있지만 차근차근 기초를 쌓기에 좋은 사이트이니 참고하면 좋다.

무료 코딩교육이 중요한 이유

요즘 코딩교육 하면 국비 지원학원부터 찾곤 한다. 짧은 시간

동안 집중적으로 배울 수 있기 때문이다. 그러나 무턱대고 시작하다가 수료하지 못하는 사람들이 부지기수다. 그저 연봉이 많이 올랐다고 하니까 무턱대고 시작했다가 본인에게 맞지 않아서 그만두는 경우가 많기 때문이다. 이처럼 중도에 포기하면 돈도 시간도 다 날아가고 만다. 그렇기 때문에 더더욱 무료 교육으로 개발을 먼저 접해보는 게 중요하다.

앞서 소개한 사이트에 들어가서 파이썬 과정이나 HTML 과정을 시작해보자. 직접 자기가 코딩을 해보고 어떤지 판단해보는 일이 먼저다. 그리고 무료 교육이 중요한 이유는 또 한 가지 더 있다. 개발 트렌드는 시간이 지나면 늘 바뀐다. 그리고 지금 자주 쓰이는 프로그램 언어가 안 쓰이고 새로운 언어로 코딩을 해야 할 때가 온다. 다루고 있는 프로그램 언어도 버전 업이 되면서 기존 코드를 수정해야 할 때도 있다. 그때마다 결국엔 구글링을 해서 해외 교육 사이트까지 뒤져가면서 공부해야만 한다. 그럴 때를 대비해서 혼자 프로그램 언어를 습득해 가는 과정은 굉장히 중요한 경험이 된다.

오늘 당장 무료 코딩교육 사이트에 들어가서 공부를 시작해보고 '개발자는 이런 거구나' 하고 느껴보자. 머리로만 아는 것보다 직접 해보는 게 중요하다. 무료 교육을 통해 개발을 먼저 접해보고 학원을 다녀도 늦지 않다.

데이터사이언스,
AI 공부는 필수다

신설 자연계열 학과 중 AI 관련이 최다

2022년 2월 3일 〈베리타스알파〉에 실린 기사에 따르면 2022학년 정시에서 전국 4년제대학교 신설 자연계열 학과 73개 중 'AI(인공지능)'가 들어간 학과는 29개로 최다라고 한다. 2023년에도 첨단 학과는 더 늘어날 전망이다. 교육부가 4차 산업혁명 첨단 분야의 인재를 양성하기 위해 AI, 빅데이터, 미래자동차 등 4차 산업혁명 첨단 분야 입학 정원을 늘릴 수 있도록 규제를 완화했기 때문이다.

학과만 늘어난 게 아니라 경쟁률 또한 치열하다. 2022년 연세대학교 인공지능학과는 6명을 뽑았는데 49명이 몰려 8.17:1의 경쟁률을 기록했다. 연대 최종 경쟁률이 4.15:1(1,119명/4,647명)인 것을 보면 다른 학과에 비해서 굉장히 경쟁률이 높았음을 알 수 있다. 이는 고등학생은 물론이고 각 대학들도 4차 산업혁명의 밑거름이 되는 학과의 필요성을 모두 체감하고 있다는 것을 방증한다.

실제 산업 현장에서는 4차 산업혁명 첨단 분야의 직업들에 대한 공급이 턱없이 부족한 실정이다. 수요와 공급의 법칙이 깨진 지 오래다. 그러니 인재 모시기 경쟁이 치열한 것은 어쩌면 당연한 일이다.

빅데이터, AI를 모르고는 일할 수 없는 세상

세상이 급속도로 바뀌고 있다. 의사, 변호사, 공무원, 교사만 바라보던 시대는 이제 지났다. 대다수의 기업이 회사에 쌓여 있는 데이터를 분석해 마케팅 목적으로 활용하거나 인공지능을 활용해 자동화시키려는 흐름을 발 빠르게 진행 중이다. 2021년 12월 30일 〈매일경제〉 기사에 따르면 KT는 빅데이터와 인공지능을 활용해 소상공인에게 마케팅 지원을 하고 있다. 인공지능과 빅데이터를 활용해 KT 고객들의 움직임, 특성, 관심, 행동에 대해서 다각도로 분석하고 상권 관련 인사이트를 제공한다. 또한 통신 데이터를 토대로 예측한 유동·거주 인구 분석 정보와 카드 결제 정보를 기반으로 우리 동네 유동 인구가 얼마나 되는지의 정보를 제공하며 유동 인구의 성별, 연령, 요일과 시간대별 정보 및 동네 유사 업종 가게의 매출액, 트렌드 뉴스 등을 제공하고 있다.

그런가 하면 의사, 변호사, 공무원, 교사들도 빅데이터, AI를 도입하려는 흐름이 이어지고 있다. 어떤 분야의 직종이든 빅데이터, AI를 활용하려고 하고 있는 것이다. 2022년 2월 18일 〈민족의학

신문〉에 따르면 통증 뇌영상 연구를 머신러닝(Machine Learning)으로 많이 활용한다고 한다. 얼마나 아픈지, 얼마나 나아졌는지 묻는 질문에 환자가 답하기 힘들기 때문에 뇌영상으로 이 사람의 통증을 예측하도록 활용 가능하다. 현재 정확성이 아주 높지는 않지만 유의미한 수준으로 구분이 가능하다고 한다.

2022년 1월 5일 〈한겨레〉에 따르면 인공지능 변호사, 판사에 이어 인공지능 검사도 등장할 전망이라고 한다. 한편 〈사우스 차이나 모닝 포스트〉 보도에 따르면 중국 최대 규모의 지방검찰인 상하이 푸둥 인민검찰청에서 개발한 인공지능 검사는 일부 범죄에 대해 기소 여부를 결정할 수 있다. 이를 위해 2015~2020년 사이에 일어난 1만 7천 건의 실제 사건 사례로 훈련을 했고 범죄 혐의에 대한 진술을 토대로 97% 이상의 정확도로 기소할 수 있었다고 한다. 결정을 내리는 데서 인간을 완전히 대체할 수는 없겠지만 효율 개선, 부패 감소 등을 명분으로 계속해서 분야를 넓혀가고 있다. 앞으로 머지않아 빅데이터, AI를 모르면 일할 수 없는 세상이 분명히 올 것이다. 빅데이터, AI를 공부하는 것은 이제 선택이 아니라 필수가 되는 세상이 점점 다가오고 있다.

빅데이터, AI 공부: 코딩부터 시작하자

빅데이터, AI 분야를 필수로 공부해야 한다는 것은 이제 잘 알았다. 그렇다면 뭐부터 공부해야 하는 것일까? 통계학? 수학? 머신러닝? 아니다. 직접 코딩을 통해 분석할 수 있는 능력을 키우는 게 첫 번째다. 코딩 중에서도 데이터를 직접 다루는 파이썬, SQL 같은 프로그래밍 언어를 다룰 줄 알아야 한다. 아무리 데이터를 보고 통계학적으로 분석하고 연구할 수 있다고 해도 그 데이터를 직접 코딩으로 다루지 못한다면 반쪽짜리인 것이다. 비유하자면 코딩을 모르고 빅데이터부터 배우는 것은 우물가에서 숭늉을 찾는 격이다.

나도 현업에서 원하는 조건의 데이터를 출력하는 리포트 프로그램을 많이 만들었는데 그때 문득 '현업에서 직접 원하는 데이터를 코딩을 통해 뽑아낼 수 있다면 현업에서도 더 효율적으로 업무를 할 수 있지 않을까?' 하는 생각이 들었다. 물론 현실적으로는 쉽지 않다. 그래도 가능한 한 현업도 코딩을 배워놓는다면 코딩 부서에 어떤 식으로 데이터를 뽑아달라고 요청할 때 더 수월하게 협업할 수 있지 않을까?

실제로 코딩에 대한 기본 지식이 있는 현업으로부터 요청서를 받으면 너무 막연한 지시사항을 주는 게 아니라 어떤 조건을 입력했을 때 어느 범위의 데이터들이 보이길 원한다는, 구체적인 화면 설계까지 해주어 굉장히 수월한 경우가 많았다. 물론 어느 정도 의사소통 과정에서 많은 대화를 통해 풀어갈 수도 있지만 코딩을 배워놓는다면 개발자들과 일할 때 더 스마트하게 협업을 하여 개발자들이 더 잘해주고 싶게 만들 수 있을 것이다. 물론 현업이 직접 개발을 하게 된다면 개발자를 통하지 않아도 되기 때문에 업무 속도 또한 지연되지 않고 빨라질 수 있는 큰 이점도 가지게 된다.

빅데이터, AI 취업: 연봉부터 고려하지 말자

빅데이터, AI 직군의 연봉이 점점 높아지다 보니 관련 학과의 경쟁률 또한 급상승하고 있다. 취업도 빅데이터, AI 직군으로 너도나도 하려고 하는데 연봉부터 보고 목표를 정하는 사람들이 많다. 이쪽 분야는 코딩을 통해 직접 데이터를 분석하는 '데이터 분석 엔지니어'와 데이터들을 보고 통계학·수학 지식을 바탕으로 규칙을 찾아내는 연구를 계속하는 '데이터 사이언티스트' 분야로 나뉜다. 아무래도 엔지니어보다는 데이터 사이언티스트의 연봉이 훨씬 높다. 데이터 사이언티스트 모집공고를 보면 최소 석사학위 이상인 경우가 많다. 구글 같은 글로벌 IT기업에서는 관련 학과 박사학위가 있으면 연봉이 3억 원 정도라고 한다.

그러나 무턱대고 대학원에 들어가는 것은 추천하지 않는다. 공부하는 것에 흥미가 있고 더 많은 지식을 탐구하고 싶어서 가는 건 상관없지만 연봉만 보고 가려고 하는 거라면 다시 한 번 생각해보길 바란다. 데이터를 다룰 수 있는 파이썬, SQL 등을 할 줄 알면 백엔드 엔지니어를 할 수 있다. 직접 백엔드 엔지니어로 경험을 쌓으면서 더 연봉이 높은 분야로 차근차근 업그레이드하는 것을 추천한다. 앞서 현업 부서의 예를 들었지만 본인이 사용하려고 하는 데이터를 요청만 해서는 속도도 나지 않고 반쪽짜리 데이터 사이언티스트가 될 수밖에 없다. 기업들에서도 코딩을 할 줄 모르는 데이터 사이언티스트나 머신러닝 전문가는 당연히 선호하지 않을 것이다.

너무 어렵게 생각하지 말자

어쩌면 인공지능과 빅데이터 분야가 굉장한 부담감으로 다가올지도 모르겠다. 그러나 너무 부담감을 가질 필요는 없다. 기본에 충실하자. 데이터를 다루는 백엔드부터 시작해서 데이터를 조건에 맞게 불러오는 프로그램 코딩만 다룰 줄 알아도 빅데이터, 인공지능을 시작할 수 있는 기본 역량을 갖추고 있는 것이다. '기본 코딩 능력에 기반해서 차근차근 범위를 늘려간다'라는 생각으로 실전 경험을 쌓으면서 분야를 확장해나간다면, 인공지능 관련 학과를 들어가지 못하고 국비 지원인공지능 수업을 듣지 못한 것이 문제가 되지 않을 것이다. '나의 로드맵을 기본으로 하나하나 확장해간다'라는 마음으로 기본부터 쌓아가기를 바란다.

국비를 활용해 집중력 있게 배우기

개발자 취업 연관 검색어 1위는 '국비 지원'

2022년 2월 7일 기준 네이버 연관 검색어 툴을 사용해보니 개발자 취업 연관 검색어 1위는 '국비 지원'으로 나왔다. 그만큼 개발자 취업을 위한 로드맵 첫 번째로 국비 지원 과정에 대한 수요가 높다. 실제로 4차 산업혁명 관련 인재들을 양성하기 위해 정부에서 지원하는 국비 지원 과정이 많이 생겨나고 있다. 혼자서 공부할 수도 있지만 체계적인 공부를 하기에는 한계가 있고 유료 부트캠프가 있지만 천만 원을 상회하는 곳들이 많아 부담스럽다. 따라서 국비 지원 과정은 돈을 들이지 않고도 개발자 취업을 해볼 수 있는 매우 좋은 대안이 될 수 있다. 여기서 부트캠프(Bootcamp)라 함은 재수생들이 집중적으로 단기간에 효과를 보기 위해서 몇 개월 동안 재수학원에 들어가서 집중 교육을 받는 것과 비슷하다고 볼 수 있다. 개발을 배우는 데 오랜 시간이 걸리기 때문에 짧은 시간에 빠르게 배울 수 있도록 도와주는 고가의 개발자 집중 양성 과정이라고 보면 된다. 그러나 기본 교육과정 기간이 3개월, 6개월이고 교육 기간 동안에는 다른 경제활동을 할 수 없기 때문에 무턱대고 시작했다가는 낭패를 볼 수도 있다.

국비 지원이 만병통치약은 아니다

사실 자금의 여유가 있다면 부트캠프 과정을 통해 트렌디하고 효율적인 개발 수업을 듣는 것이 더 좋을 수도 있다. 하지만 본인이 하고자 하는 의지만 있다면 국비 지원도 충분히 좋은 대안이다. 그러나 국비 지원만 하면 취업이 잘될 거라는 상상은 버리는 게 좋다. 특히 우리가 흔히 말하는 네이버, 카카오 같은 IT 빅테크 기업에 바로 들어가는 것은 어려운 일이다. 한없이 신입사원을 교육해줄 수 없기 때문에 인계과정 몇 개월만으로도 실무에 바로 투입될 수 있는 인재들을 요구한다. 따라서 코딩 테스트와 코딩 면접이라는 허들을 넘어야지만 지원해볼 수 있는 자격이 주어지게 되는 것이다.

국비 지원으로 포트폴리오 하나 추가했다고 해서 바로 취업에 성공하기란 쉽지 않다. 개발자로의 이직을 꿈꾸는 사람들의 경우에는 개발자의 연봉이 더 높다고 해서 무턱대고 도전했다가 이전보다 낮은 연봉으로 시작하게 될 수도 있다. 그나마 허들이 낮은 중소기업마저도 국비 지원 과정만으로는 들어가기 쉽지 않다. 그러나 이런 걸 감안하고서라도 돈 들이지 않고 입문할 수 있는 좋은 기회인 건 분명하다.

한 가지 당부하고 싶은 말은, 마음 단단히 먹고 도전하라는 것이다. 하나의 프로그램 언어를 습득하는 건 하루아침에 뚝딱 되는 게 아니다. 국비 지원 과정에서 포트폴리오를 체험해볼 수 있지만 그와 별개로 개인 공부를 하면서 스스로 포트폴리오도 작성해보는 열정은 있어야 개발자 취업 문턱에 한 발자국 다가설 수 있다.

앞서 언급했듯이 국비 지원 과정을 하기 전에 무료로 코딩을 체험해볼 수 있는 무료 코딩교육 사이트를 최대한 활용해보자. 그리고 책을 통해서도 공부해보면서 자신에게 맞는지 몇 개월 정도는 체험해보고 도전해보는 걸 추천한다. 국비 지원 과정에 등록만 해놓고 수료는 해야 하는데 수업에 따라가지를 못하거나 적성에 안 맞아서 출석 일수만 채우며 시간을 허비하는 경우가 실제로도 많이 있으므로 그런 시행착오는 최대한 줄일 수 있기를 바란다.

욕심부리지 말고 하나에 집중하자

요즘은 '풀스택 개발자(Full Stack Developer)'라고 해서 겉으로 보이는 부분을 개발하는 프론트엔드(Front-End) 개발과 밑단의 데이터베이스 등을 다루는 백엔드(Back-End) 개발을 둘 다 하는 개발자를 선호한다. 그렇다고 해서 '이것저것 다 해야겠다'라는 욕심을 갖지는 않기를 바란다. 그 열정은 높이 사지만 하나에 집중하기를 추천하는 바이며, 하나라도 잘하고 나서 그다음 분야로 확장해도 늦지 않다. 하나라도 잘 익혀서 스타트업과 같은 중소기업에서 바로 경험을 쌓는 것이 더 낫다. 둘 다 배운다고 시간을 너무 허비하지 않길 바란다.

개발을 하다 보면 자연스럽게 오류의 원인을 찾아보면서 다른 분야도 익힐 수 있는 기회가 얼마든지 온다. 국비 지원 과정은 커리큘럼 자체가 타이트하기 때문에 잘 따라가기 위해서라도 욕심부리지 말고 하나의 분야에 집중하는 게 좋다. 현재 인공지능 과정, 빅데이터 분야 같은 4차 산업혁명 관련 인재를 양성하는 과정이 생겨나고 있지만 그 과정들도 결국에는 백엔드 개발자, 프론트엔드 개발자가 되기 위해 프로그램 언어를 학습해야 하는 건 변함이 없다. 따라서 한 가지 프로그램 언어를 집중적으로 배울 수 있는 과정을 추천한다. 대표적으로 주로 배우면 좋을 프로그램 언어 세 가지를 추천한다.

파이썬

4차 산업혁명 기술과 관련해서 빠지는 데가 거의 없는 프로그램 언어가 파이썬(Python)이다. 파이썬은 기본적으로 데이터를 분석하는 데 주로 쓰이는 언어다. 파이썬 하나만 잘해도 빅데이터, 인공지능 분야로 얼마든지 확장해 나갈 수 있다. 다른 프로그램 언어들보다 직관적이고 이해가 쉽기 때문에 초보자들이 굉장히 쉽게 배울 수 있는 언어다.

자바

파이썬이 대세가 되고 있긴 하지만 아직 우리나라에서는 자바를 빼놓을 수 없다. 카카오, 네이버 같은 IT 빅테크 기업에 들어가려면 자바는 필수적으로 잘해야 하는 프로그램 언어다. 우리가 사용하는 웹사이트와 안드로이드 앱에 자바로 코딩되어 있지 않은 것을 찾기 힘들 정도로, 자바는 파이썬과 더불어 범용적으로 활용하는 프로그램 언어다.

C언어

4차 산업혁명 기술과 관련해서 사물인터넷과 블록체인 기술이 또 주목받고 있는데 두 분야에서 빠질 수 없는 언어가 C언어다. "C언어를 알면 다른 프로그램 언어를 배우기도 쉽다"라는 말이 있다. 가장 컴퓨터가 이해하기 좋은 언어라 퍼포먼스도 좋다. 하지만 컴퓨터가 이해하기 좋다는 것은 사람이 이해하기 어렵다는 뜻이기도 하다. 결론적으로 좀 어렵다. 그러나 이 언어를 잘하는 사람들은 남들이 잘 못하는 기술을 가지고 있어 더 경쟁력을 가질 수 있다. 실제로도 C언어를 잘하는 인재들은 해외 블록체인 회사에서 고액의 연봉을 주고 데려가는 사례들이 빈번하다.

그 밖에도 HTML, CSS, 자바스크립트 같은, 웹화면의 앞단을 다루는 프론트엔드 개발 관련 프로그램 언어도 개발을 처음 접하는 사람들에게 조금은 재미를 느낄 수 있게 해주는 분야다. 앞서 말했듯이 이런 과정들은 무료로 배울 수 있는 무료 코딩교육 사이트나 책을 통해서 접해보고 자신에게 제일 맞는 분야를 선택하는 것을 추천한다.

배울 수 있는 기관은 점점 더 늘어난다

2022년 1월 13일 〈파이낸셜 뉴스〉에 따르면 국비 지원 과정을 들을 수 있는 플랫폼이 20개로 확대되었다고 한다. 또한 2025년까지 60개의 다양한 규모의 플랫폼들이 확대될 예정이다. SK텔레콤, 삼성중공업 같은 대기업부터 엘리스(Elice) 같은 스타트업 교육 플랫폼과 성균관대학교 등 대학교의 산하 기관들이 신규로 선정되었다. 점점 배울 수 있는 기관들이 늘어나고 있는 것이다. 비싼 부트캠프 과정에 의존하지 않아도 좀 더 전문적이고 다양한 교육을 무료로 배울 수 있는 기회가 제공되고 있다는 점은 국비 지원을 생각하는 개발자 취준생들에게 희소식이라 하지 않을 수 없다. 각 플랫폼들의 후기를 꼼꼼히 비교해보고 과정을 찬찬히 살펴보며 본인에게 잘 맞는 국비 지원 과정을 선택해보자. 돈을 들이지 않고도 배울 수 있는 기회를 잘 잡아서 IT 역량을 효율적으로 키울 수 있기를 바란다.

채용·스타트업 박람회를 200% 활용하라

직방, 야놀자 대표를 만나다

우리가 소위 잘나가는 기업의 대표를 직접 만나볼 일이 얼마나 있을까? TV 뉴스와 신문기사를 통해서만 접해보던 기업의 대표들을 직접 눈앞에서 볼 수 있는 기회가 있다면 기꺼이 잡아야 하지 않을까? 그 기업에 들어가는 꿈을 꾸고 있는 사람이라면 더더욱 눈도장을 찍을 수 있는 절호의 찬스가 바로 박람회다.

실제로 난 2021년 11월 스타트업 커밋 행사에 참여해 직방, 야놀자 대표를 눈앞에서 볼 수 있었다. 당시 두 대표는 부동산 플랫폼에 대한 밑그림을 이야기하면서 실제 현실에서 맞닥뜨리고 있는 고민을 토로했다. 당시 그 기업의 상황이 어떻고 어떤 비전을 향해 나아가고 있는지를 내 두 귀로 직접 들을 수 있었다.

당시 직방 대표는 단순 부동산 중개업에서 벗어나 대기업 삼성 SDS의 IoT(사물인터넷) 사업 부문까지 인수하면서 스마트홈 분야로의 확장을 꾀하는 중이라고 했고 메타버스 협업 툴인 '메타폴리스'를 자체 개발해 사무실을 없애고 전 직원이 메타버스로 출근하도록 변화를 주는 중이라고 했다. 더불어 직방 대표는 달라져가는 업무 문화에 대한 얘기를 들려주었다.

야놀자 대표는 인터파크를 인수하는 등 공격적인 투자를 하고 있다는 소식을 전해주었다. 숙박에 국한되지 않고 여가·여행 분야까지 연계한 종합 플랫폼으로 가려고 계획 중이라는 비전을 들려주었다. 또한 여가 시설에 최적화된 예약, 객실 제어, 판매 과정을 연결해 인공지능 기반 글로벌 호스피탈리티(Hospitality) 시장을 이끌어 갈 수 있도록 전 세계 숙박·여가 네트워크 구축에 대한 협업이 진행되고 있다는 이야기도 들려주었다.

기사로도 접할 수 있는 이야기긴 했지만 대표의 입을 통해서 직접 귀로 듣는 이야기는 더 생생했고 기업의 비전을 들으면서 '저 대표들과 함께 이들의 계획에 동참해보고 싶다'라는 생각이 강하게 들었던 기억이 있다. 그 자리에는 질문할 수 있는 시간도 마련되어 있어 직접 궁금한 점을 물을 수도 있었지만 낯가림이 심해서 궁금한 이야기를 머릿속에만 담아두고 다른 사람의 질문을 듣기만 했다.

그러나 그 대표들에게 눈도장이라도 찍고 싶은 사람들은 열렬히 손을 들고 그 대표들과 눈을 마주치고 얘기할 수 있는 기회가 얼마든지 열려 있었다. 적극적이고 진취적인 사람이라면 행사에 참여해 안목을 넓힐 기회로 삼을 수 있는게 박람회다.

홍보 부스를 적극 활용하자

박람회를 가면 자기 기업을 홍보하는 부스들이 마련되어 있다. 그 부스들에서 홍보를 하는 사람은 그 회사 직원 내지 대표인 경우가 많다. 스타트업 커밋 행사에서 나는 눈앞에서 강연했던 그 대표가 직접 부스에서 본인의 기업을 홍보하는 모습을 많이 볼 수 있었다.

박람회에서 특히 기억에 남는 업체가 하나 있었다. '오내피플'이라는 회사로, '캐치시큐'라는 플랫폼을 운영하고 있었다. 박람회장에서는 직방, 야놀자 등 큰 스타트업의 대표들도 강연을 하지만 중간중간 비는 시간에 투자자들과 이미 자리 잡은 스타트업의 대표들이 심사위원으로 나오고 유망 스타트업들이 설명회를 통해 투자를 유치하는 시간도 있었다. 심사위원의 날카로운 질문에 당황하는 대표들도 많았는데 유일하게 호평 일색이었던 회사가 바로 오내피플이었다. 더 놀라운 건 대표의 나이가 20대였다는 점이다. 20대 여자분이 자기 회사 플랫폼에 대해 설명하는데 굉장히 조리있고 간결한 발표가 인상 깊었다.

오내피플은 이미 국내뿐만 아니라 해외에서도 본인들의 플랫폼을 검토하고 다양한 사례를 쌓아가고 있었다. 심사위원들도 칭찬이 자자했고 당장 투자하고 싶다고 따로 얘기하자는 심사위원도 있었다. 그런데 강연이 끝나고 비는 시간에 스타트업들의 홍보 부스를 돌다가 오내피플 부스에서 대표가 직접 부스 홍보를 하는 걸 보고 신기해서 다가갔다. 그 부스에 다가가니 먼저 그 대표가 웃는 얼굴로 "설명해드릴까요?" 하고 물어봐서 설명을 요청했다. 설명회 때 봤던 그 대표가 직접 자기 회사 제품을 설명해주니 좀 기분이 묘했다. 설명이 다 끝난 후에 데모는 어디서 해볼 수 있는지, 가격은 어떤지 궁금한 것들도 몇 가지 물어봤는데 친절하게 답변해주었다.

이 회사가 운영하는 '캐치시큐(Catchsecu)'는 최근 이슈가 되고 있는 개인정보 처리 업무를 더 효율적이고 종합적으로 관리해줄 수 있는 플랫폼이다. 나도 회사에 다니는 동안 개인정보 관련한 법이 개설되면서 부랴부랴 관련 개정을 만들고 동의서를 수집했던 기억이 있다. 그래서 굉장히 손이 많이 가는 걸 직접 경험해봤기 때문에 이렇게 한 번에 개인정보 수집 동의서를 자동으로 작성해주고 정보를 안전하게 관리할 수 있는 플랫폼이 개발되었다는 게 놀라울 따름이었다. 이 회사가 분석한 기록에 따르면 직접 수행할 경우 평균 19일이나 걸리는 개인정보 처리 업무를 단 30분 내에 처리할 수 있다고 했다. 내가 방구석에만 있었다면 알 수 없는 회사였는데 설명회도 듣고 홍보 부스에 가서 대표와 눈 마주치고 설명까지 들을 수 있는 기회가 온 것이었다. 아쉽게도 그 부스에서 명함을 받아오진 못했지만 말이다. 하지만 설명회에서 봤던 업체들의 대표들이 부스에서 직접 설명하는 모습을 쉽게 발견할 수 있었고, 직접 설명을 들은 후에 서로 명함을 교환하기도 했다.

박람회장에서는 누구나 다 친절하다. 그냥 아무 부스나 가서 상품이나 플랫폼에 대해 설명해달라고 하면 누구든 정말 열심히 설명해준다. 따라서 정말 쉽게 멘토를 구할 수 있는 절호의 찬스가 되기도 한다. 부스를 돌아다니다가 관심 가는 곳에 가서 설명을 듣고 어떤 것을 하는 기업인지 회사 사람의 얘기를 직접 들어보도록 하자. 또 부스에서는 강연 시간과는 다르게 눈치보지 않고 자유롭게 궁금한 것을 바로바로 물어볼 수 있어 큰 이득이다.

박람회장 사용법은 어렵지 않다. 돌아다니다가 궁금한 게 있으면 주저하지 말고 다 물어보자. 사람 일은 모른다. 여러분 눈앞에서 설명하고 있는 그 사람과 일하게 될지도 모를 일이다.

채용 부스가 열리는 박람회라면 개이득

2021년 6월 스마트테크코리아 박람회를 방문했을 때 홍보 부스뿐만 아니라 채용 부스가 함께 열렸다. 그 소식이 퍼지기라도 했는지 유난히 대학생들의 모습이 많이 보였다. 채용 부스에서 유망한 빅테크 기업들이 직접 지원자들을 상담해주고 있었다. 참여한 모든 기업들의 채용공고가 모아져 있는 팸플릿 또한 쉽게 구할 수 있었다. 'AI 청년인재 취업 박람회'라는 부재 아래 인공지능 스타트업 기업들에서 채용 상담을 진행하고 있었다. 이런 박람회는 실제로 채용하는 채용 담당자와 얘기할 수 있는, 정말 너무 좋은 기회다. 시쳇말로 개이득인 것이다. 국내뿐 아니라 국외 유망 기업들도 참가하기 때문에 글로벌 취업에도 좋은 기회가 될 수 있다.

스마트테크코리아는 스타트업 커밋과 더불어 추천하는 박람회다. 인공지능, 빅데이터, 메타버스, 로봇 등 최신 기술을 이끌어가는 수많은 기업들이 시연하는 모습을 직접 보고 참여할 수 있다. 신기한 체험도 해볼 수 있고 최신 트렌드를 배울 수 있는 좋은 기회다.

나는 그중 '룰루랩'이라는 회사의 부스에서 시연했던 '루미니 키오스크'가 꽤 인상 깊었다. 인공지능 빅데이터 기반으로 전 세계 피부 데이터를 취합해 빅데이터화를 한 후 자체 개발한 인공지능 알고리즘으로 분석하는 것이다. 키오스크 화면으로 본인의 얼굴을 촬영하면 피부 나이와 피부 점수를 알려주고 주름, 모공, 색소 침착, 트러블 등을 분석해서 본인 얼굴에 맞는 화장품을 추천해주는 방식이었다. 반응이 좋아 많은 여자분들이 줄을 서서 체험을 기다렸다. 내 얼굴 화면만으로 피부 상태를 체크받고 제품을 추천받는 건 신선한 경험이었다. 실제로 이 키오스크 제품은 롯데 에비뉴엘 잠실점에 입점해서 운영 중이라고 한다. 이렇게 실제 체험했을 때 와닿는 건 회사 홈페이지에 들어가서 제품 소개를 보는 것과는 차원이 다르다.

직접 최신 트렌드를 몸소 체험해보고 채용 부스를 같이 운영하는 곳에서 채용 담당자에게 직접 상담을 받아볼 수 있는 기회는 흔히 오는 게 아니다. 스마트테크코리아같이 채용 부스를 같이 운영하는 박람회라면 망설이지 말고 꼭 참여해보는 걸 추천한다.

박람회 일정은 '온오프믹스'로!

나도 최신 트렌드에 대한 견문을 넓히고자 박람회를 틈틈이 찾아보고 있다. 나 같은 경우 '온오프믹스'를 자주 활용하는데, 국내 다양한 박람회들의 일정을 올려주는 곳이다. 스마트테크코리아도 온오프믹스를 통해 일정을 알게 되었다. 나는 이 글을 쓰고 있는 지금도 온오프믹스에 올라온 NFT 메타버스 관련 박람회 일정이 있어서 신청해놓았다. 개발자 채용, 취업에 관련된 박람회가 있다면 제일 좋고 그 밖에도 IT 트렌드를 알 수 있는 박람회들을 참석해보는 게 좋다. '인공지능', '메타버스', 'NFT', '빅데이터', '로봇' 같은 4차 산업혁명 관련 박람회들은 주기적으로 열리고 있다. 금액 같은 경우엔 사전 등록만 하면 무료인 경우가 많긴 한데 단순히 부스만 구경하는 게 아닌 하루 종일 하는 유료 강연도 참석해보길 추천한다. 직접 그 강연에 참석했을 때와 단순히 부스만 구경하는 것은 천지 차이다. 무료 유튜브 생중계를 해주는 경우도 물론 있지만 현장감이라는 걸 무시 못한다. 그런 현장에서 가슴 두근거림을 느껴보는 건 꽤 귀중한 경험이다.

온오프믹스뿐만 아니라 네이버에서 '박람회'라고 검색하면 박람회 정보가 차례대로 나온다. 박람회를 많이 하는 코엑스, 킨텍스 등의 공식 홈페이지에도 박람회 일정이 자세히 올라와 있으니 집에서 가까운 큰 전시장의 홈페이지에 들어가 일정을 조회해보는 것도 좋은 방법이다. '2022 스마트테크코리아' 같은 년도를 붙인 박람회들은 매년 같은 시기에 열리곤 한다. 그런 경우 따로 박람회사이트를 운영하는 경우도 있는데 그 사이트에 회원 가입을 할 때 SMS 문자 수신을 체크해두면 박람회 정보를 문자로 알려주기도 한다. 따라서 좋았던 박람회가 있다면 박람회 사이트에서 일정을 문자로 받는 것도 팁이다. 알아보면 얼마든지 내가 갈 수 있는 박람회를 쉽게 찾아볼 수 있다. 망설이지 말고 지금 바로 내가 갈 수 있는 박람회를 찾아보자.

내가 가고 싶은 기업은 직접 찾자

취업을 준비하는 데 있어서 가장 중요한 것은 그 기업을 직접 체험해보고 그 기업에서 일하는 사람들을 만나보는 것이다. 집에 틀어박혀서 인터넷 기사나 채용 정보 사이트만 뒤적여서는 살아 있는 정보를 찾기 힘들다. 박람회에 참석해 컨퍼런스 강연에서 그 대표의 고민과 회사를 이끌어가려고 하는 방향을 듣고 홍보 부스에 가서 대표나 직원의 설명을 들으며 그 회사의 제품을 체험해보자. 대표의 강연 때문이든, 부스에서 듣는 직원의 설명 때문이든 가슴이 두근거리는 기업이 있다면 바로 명함을 받고 그 직원의 연락처로 지원할 수 있는지 물어볼 수 있는 것이다.

내가 2022 스마트테크코리아 박람회에 갔을 때 네이버 인공지능 플랫폼에 관련한 컨퍼런스 강연에서 네이버 인공지능 계열사의 전무가 강연을 한 일이 있다. 그 강연을 열심히 듣고 질문까지 했던 학생이 강연이 끝난 후 그 전무의 명함을 받아가는 것을 우연히 보게 되었다. 그 학생이 여러분이 될 수도 있는 것이다. 박람회 신청을 할 때 소개 페이지에서 참가 기업들을 미리 볼 수 있으며 강연을 하는 경우에는 강연 순서도 미리 볼 수 있다. 꼭 취업해보고 싶은 기업이 참가하는 박람회라면 더더욱 참여해보길 바란다.

기업이 원하는 'IT 토털 솔루션' 인재가 돼라

풀스택 개발자 선호주의

앞서 국비 지원에 관한 얘기를 하면서 "한 가지에 집중해서 한 가지라도 잘하게 하자"라는 말을 했다. "두 마리 토끼를 다 잡으려다가 제대로 하는 게 하나도 없다면 문제가 된다"라는 얘기였지만 궁극적인 목표는 두 마리 토끼를 잡는 것이 되어야 하는 게 맞다. 그 과정을 차근차근 밟아나가야 한다는 말이지 하나만 하고 땡이라는 말은 아니다.

기업에서는 풀스택 개발자(Full Stack Developer)를 선호한다. 특히 중소기업이나 스타트업 기업의 경우는 더더욱 그렇다. 업무 분장이 잘되어 있는 대기업의 경우에는 '프론트엔드면 프론트엔드, 백엔드면 백엔드' 자기의 업무만 잘하면 협업을 통해 충분히 업무 커버가 가능하지만 중소기업이나 스타트업은 상황이 다르다. 하나만 잘하는 개발자보다는 모두 다 잘하는 개발자를 선호한다. 중소기업, 스타트업뿐만 아니라 대기업에서도 프로젝트 매니저는 두 분야를 다 알아야 프로젝트를 진행할 수 있기 때문에 경력이 있는 풀스텍 개발자의 연봉은 프로젝트 매니저 같은 관리자로 가면서 더 치솟게 되어 있다.

프론트엔드? 백엔드? 풀스택?

그렇다면 프론트엔드·백엔드·풀스택 개발자는 어떤 차이가 있는 걸까? 세 개발자의 차이를 간단히 짚고 넘어가겠다.

프론트엔드 개발자

말 그대로 프론트(Front), 즉 앞부분을 개발하는 개발자다. HTML, CSS, 자바스크립트를 주로 사용하는데 우리가 자주 사용하는 인터넷에 보이는 화면이 다 프론트엔드 개발자에 의해 개발된 부분이다. 인터넷뿐만 아니라 앱에서 보이는 화면도 마찬가지로 프론트엔드 개발자에 의해 개발된 부분이다. 이 부분은 어떤 색깔로 어떤 폰트로 배치해야 할지 정해야 하기 때문에 웹디자인을 하는 사람들이 프론트엔드 개발 일을 같이 하고 있다고 보면 된다.

백엔드 개발자

백(Back), 즉 뒷부분을 개발하는 개발자다. 우리가 보는 웹과 앱의 화면은 버튼을 눌렀을 때 어떤 동작을 한다. 네이버에서 검색어를 치고 검색 버튼을 눌렀을 때 뒤에서는 화면에 보여지기 위해서 검색어에 맞는 데이터를 수집하는 작업을 하고 있고, 온라인 쇼핑몰에서 장바구니에 담고 결제하기를 눌렀을 때 결제 정보를 카드사나 은행으로 전달하는 작업을 하고 있다.

이처럼 뒤에서 하는 작업 과정을 개발하는 개발자를 백엔드 개발자라고 한다. 데이터를 전달하고 다루는 개발자다 보니 백엔드를 잘 다루는 개발자는 자연스럽게 빅데이터 분야의 일로도 진출할 수 있다. 우리가 앞서 빅데이터 분야에서 그렇게 강조했던 파이썬도 백엔드 개발자가 다루는 개발 언어 중에 하나다.

백엔드 개발자들은 데이터를 다루는 자바, 파이썬, C언어뿐만 아니라 데이터를 저장하는 오라클 DB, MS SQL 등의 데이터베이스도 알아야 한다. 그리고 이 모든 게 서버라는 장치에서 돌아가는데 우리가 노트북이나 데스크탑에서 인터넷을 검색하고 문서 작성을 하듯이 서버라는 장치에서 데이터를 저장하고 짜여진 개발 언어로 그 데이터를 불러와서 뿌려주게 된다. 그래서 서버도 다룰 줄 알아야 한다. 대표적으로 리눅스 서버와 마이크로소프트(MS)에서 만든 MS SQL 서버가 있다.

풀스택 개발자

프론트엔드와 백엔드 개발을 모두 할 수 있는 개발자가 바로 풀스택 개발자다. 나 같은 경우에도 서버 관리 일을 먼저 하다가 리눅스 서버, MS SQL, 오라클 DB, 파이썬과 자바를 먼저 배우면서 백엔드 개발을 시작하게 되었고 HTML과 CSS, 자바스크립트를 접목해 웹 화면을 수정해 나가면서 프론트엔드까지 배우며 자연스럽게 풀스택 개발자의 길로 가게 되었다.

사실 나 같은 경우에는 '풀스택 개발자가 돼야지' 하고 결심했다기보다는 내가 하고 있는 업무를 하다 보니 현업의 요청에 의해 웹 화면을 수정할 일이 생겼고, 오류 때문에 백엔드를 수정할 일이 생겼으며, 자연스럽게 이것저것 확장하게 되었다.

프론트엔드가 먼저? 백엔드가 먼저?

나 같은 경우에는 백엔드를 하다가 프론트엔드까지 배우게 되었지만 사실 정답은 없다. 디자인 쪽에 재능이 있고 화면을 직접 구성하는 데 재미를 느낀다면 프론트엔드부터 배워보는 게 나을 수 있다. HTML 같은 경우에는 독학으로도 충분히 습득할 수 있는 언어기 때문에 HTML을 하면서 CSS로 꾸며보고 재미를 느낀 후에 차근차근 백엔드 기술을 배워가는 것도 방법이다.

그러나 데이터를 다루는 데 재미를 느끼거나 로직에 의해서 값이 나오는 과정을 즐긴다면 백엔드부터 배워나가서 기초를 쌓고 경력을 쌓으면서 프론트엔드를 추가로 습득하는 것도 괜찮다. 뭐가 더 낫다고는 말할 수 없는 게 개인차가 있기 때문에 본인에게 더 맞는 개발 영역이 있을 수 있다. 본인이 잘하는 분야를 살리고 추가로 분야를 확장해나가는 것을 추천한다.

인공지능, 데이터 사이언스 분야도 마찬가지

앞서 인공지능 전문가나 데이터 사이언티스트로 전향하기 위해서는 백엔드부터 잘하는 게 필요하다는 말을 했다. 데이터를 직접 다루지 못하는 인공지능 전문가나 데이터 사이언티스트는 반쪽짜리다. 아무리 논문을 많이 읽고 분석하고 아는 게 많다고 해도 정작 데이터를 다루지 못하면 데이터를 다루는 사람이 분석해줄 때까지 마냥 기다려야 한다. 백엔드 개발은, 그 분야를 꼭 해야 하는 사람뿐만 아니라 개발자라면 꼭 알고 가야 할 기본 소양이 되고 있는 것이다. 요즘 파이썬을 공부하는 사람들이 늘어나는 이유도 같은 맥락이다. 개발자로 기업에서 꼭 필요로 하는 인재가 되고 싶다면 토털 인재가 되는 건 선택이 아니라 필수다.

외골수 NO!
소통과 협업 YES!

개발자에게 제일 부족한 한 가지

누구보다 개발자가 제일 잘해야 하는데도 불구하고 제일 피하는 한 가지가 있다. 바로 소통이다. 개발이라는 게 혼자서 공부하고 오류를 잡아내고 수정하는 게 가능하다 보니 내성적인 성향의 개발자들이 많다. 이런 개발자들은 소통을 피하고 혼자만의 생각으로 개발을 진행하는 경우가 많다.

코드에 대해서도 상호 간 리뷰 없이 본인 생각만으로 독자적인 코드를 작성한다. 이런 외골수 개발자들은 평소에는 겉으로 문제가 드러나지 않겠지만 굉장히 비효율적으로 코드를 짜는 경우가 많다. 코드 자체도 그렇지만 기능 구현에 있어서도 현업에게 필요 없는 기능을 부각시키거나 불편하게 만들어놔서 고생은 고생대로 하고 현업이 불편하다고 하면 또 수정하는 사태가 발생한다.

사실 이 지적에 대해서는 나도 찔리는 부분이 많다. 주 52시간

제도의 도입으로 기존 회사들은 퇴근 시간에 PC가 강제로 꺼지는 시스템을 적용했다. 그래도 야근이 필요한 경우는 있는 터라, 부서장과 담당 임원의 전자결재 승인을 받아 승인받은 근무 시간만큼 PC를 꺼지지 않게 하는 프로세스가 필요했다. '사전 근로 신청서'라고 명명한 이 결재 양식 프로세스를 나는 인사팀과의 협업하에 개발한 적이 있다.

대략적인 양식을 인사팀 담당자가 그려서 나에게 요청했고 나는 거기에 맞게 혼자 설계하고 만들었다. 인사팀도 개발에 대한 지식이 거의 없고 내가 프로젝트를 주도하는 입장이다 보니 내 의견이 많이 들어갈 수밖에 없는 프로젝트였다. 아무리 그렇다고는 해도 다양한 사례에 대한 현업의 검토 없이 최초 요청서만 가지고 내 생각만으로 설계를 했고, 내가 먼저 다 만들고 난 후에 인사팀에게 보여주었다. 그 후 몇 가지 자잘한 요청사항을 수정한 후 현업에 배포했다.

독자 코드 개발자의 막다른 골목

그런데 생각지 못한 문제점이 발견되었다. 연장근무 시간을 입력할 때 하나의 날짜에만 시간을 입력하게끔 설계했는데 날을 넘기면서까지 야근을 하는 사례들이 발생한 것이다. 예를 들어 3월 3일 22시부터 3월 4일 1시까지 근무를 해야 하는 상황이었다면 양식에는 '3/3 22:00 ~ 01:00' 하고 입력할 수밖에 없는데 그러면 에

러가 나는 것이다. 테이블 설계에서 종료일이라는 항목을 하나 더 추가해서 바꾸기에는 이미 쌓이고 있는 데이터도 많고 최악의 경우에는 PC OFF 시스템과 ERP 인사 시스템까지 다 수정해야 하는 상황이었다.

결국 입력을 제한해 '3/3 22:00 ~ 00:00 3/4 00:00 ~ 01:00' 하고 두 번 넣는 방법으로 문제를 해결했지만 사용자들을 불편하게 만들고 말았다. 더 많은 현업 사람들과 소통을 했다면 충분히 잡아갈 수 있었는데 지금도 아찔한 기억이다. 자정을 넘어가는 야근 건이 다행히 거의 발생하지 않았기에 소수의 사람들만 불편해지긴 했지만 더 많은 사람들과 소통하지 않았기에 빚어진 문제였다. 아무리 기술력이 좋다고 해도 현업과의 소통을 피하고 일을 비효율적으로 하는 개발자는 누구도 원치 않는다. 요즘은 개발자들의 스펙이 평준화되고 있기 때문에 소통 능력이나 인성이 더 중요한 경우가 많다.

앞서 스마트테크코리아에서 취업 박람회 채용 부스가 열려 채용공고 팸플릿을 받았다고 했는데 그 채용공고들 중에 '소이넷'이라고 하는 업체가 있었다. 인공지능 서비스를 개발하는 업체인데 채용 요건 제일 마지막에 이런 문구가 있었다.

'조직 융화력 필수, 꼰대/독고다이/독야청청 절대 사절'

이렇게까지 직접적으로 언급하는 경우는 조금 드물긴 하지만 그만큼 요즘 IT기업들에서는 인성을 얼마나 중요하게 생각하는지 엿볼 수 있는 문구다. 혼자만 잘난 꼰대보다는 조직에 자연스럽게 스며들 수 있는 개발자를 당연히 더 선호한다.

고집 버리기, 현업의 목소리에 귀 기울이기

개발자들은 고집이 센 경우가 많다. 자기 코드에 대한 자부심이 있어서 '내가 만든 코드가 제일이야'라고 생각하는 경우가 많다. 그러나 현업 입장에서는 생각이 다를 수 있다. 나 역시 이 지적에서 자유롭지 않다. 내 나름대로 고민을 많이 하고 열심히 만들었지만 현업의 입장에서는 불편하다고 느끼는 부분이 많아 결국 기능을 빼거나 수정하는 경우가 굉장히 많았다. 내가 필요하다고 생각한 기능을 고수하려고 설득해보기도 했지만 결국 현업이 원하는 방향으로 가야 하는 경우가 많았다.

앞서 말한 연장근무 사전 신청 결재 시스템을 만들면서 ERP 시스템에서 전 직원들의 사전 신청 내역과 실제 근무 내역을 비교할 수 있도록 추가로 조회 프로그램을 만들어줬다. '어떤 기능을 쓰면 유용할까?' 고민하면서 여러 가지 리포트 기능을 추가해주었다. 부서별로, 직급별로, 사업 영역별로 구분해서 날짜별로 조회할 수 있게 해주고 비교해서 보여주는 비교 리포트도 따로 만들어줬다.

그러나 인사팀 담당자는 정작 내가 만들어준 기능을 잘 사용하지 않았다. 결국 내가 만든 리포트들은 잘 활용되지 않고 추가로 "엑셀 시트로 보고서 형태로 만들어주세요"라는 요청을 받고 엑셀 시트 보고서를 자동으로 출력해주는 프로그램을 만들었다. 그래도 '내가 만든 기능들을 잘 활용했으면' 하는 생각에 다시 한 번 활용법을 알려주고 설득해봤지만 사용 방법이 좀 불편했는지 결국 잘 활용하지 않는 프로그램이 되고 말았다. 나중에 사전 신청 내역과 실제 근무 내역을 비교하는 기능을 부각시켜서 잘 활용하게 되었지만 그전에는 잘 활용하지 못했다.

현업의 생각을 많이 듣고 원하는 바를 잘 짚어내는 게 중요하다. 본인이 생각한 것들이 있다면 그때그때 현업의 생각도 들어보고 판단하는 게 두 번 일하지 않는 방법이다.

코드 리뷰는 필수! 동료를 활용하자!

본인이 만든 코드가 최선이 아닐 수가 있다. 사람은 완벽하지 않기 때문에 내 나름대로 고생해서 만들었지만 실수가 있을 수도 있고 비효율적인 코드였을 수 있다. 주변의 동료들에게 코드 점검을 받아보는 게 큰 도움이 된다. 경험이 많은 선배들에게 코드 리뷰를 받아보자. 물론 선배는 껄끄러운 존재일 수도 있고, 혼날까 봐 걱정도 되겠지만 코드 리뷰를 통해 더 나은 코드를 작성하며 본인의 역량 또한 키울 수 있다.

나도 선배들이 껄끄러워 코드 리뷰는 거의 하지 않았기 때문에 찔리는 부분이 많은데 돌아보면 충분히 간결하고 효율적으로 만들 수 있는 코드도 나 혼자만의 생각으로 만들다가 더 복잡하게 만든 경우도 많았다. 이왕이면 코드 리뷰가 생활화되어 있는 회사를 가는 것도 개발자 역량을 키우는 데 도움이 된다. 서로 코드를 리뷰하는 게 생활화되어 있는 회사에서는 코드 리뷰가 껄끄러운 일이 아니라 당연한 문화인 경우가 많다. 우리가 익히 알고 있는 '네카라쿠배당토' 모두 코드 리뷰 문화가 굉장히 활성화되어 있다.

코드 리뷰가 잘되어 있는 곳들은 아예 회사 자체 코드 리뷰 커뮤니티가 잘되어 있어서 개발을 진행하는 중에 코드 리뷰를 필수적으로 할 뿐만 아니라 직원들이 커뮤니티에 코드를 공유하고 서로 피드백을 해주는 문화가 잘 형성되어 있다. 이런 회사들의 코드 품질이 타 회사보다 더 좋은 건 당연한 일이다.

인성검사와 면접은 생각보다 중요하다

요즘 IT 빅테크 기업의 면접 절차를 보면 코딩 테스트에 합격한 후에 인성검사와 면접이 필수로 들어가 있다. 앞서 언급했듯이 비슷한 역량의 개발자가 많기 때문에 인성이 합격 당락에서 굉장히 중요한 부분이 되는 경우가 많다. 인성검사는 특별히 준비하지 않는 사람들이 많은데 체계적으로 준비하는 편이 좋다. 아무리 기술력이 좋아도 반사회적이거나 외골수인 성격이 그대로 드러난다면 심각한 탈락 사유가 될 수 있다.

솔직히 있는 그대로 답하기보다는 실제로는 다르게 생각하고 있더라도 자신을 잘 포장할 수 있는 답변을 하는 게 중요하다. 대신 비슷한 질문을 반복적으로 답하게 하여 진실성 판별을 하니 일관성 있게 대답하는 게 중요하다. 인성검사에서 포장한 것대로 면접에서도 일관성 있게 잘 포장하는 게 중요하다. 실제 면접을 통해 역량도 확인하지만 면접에 임하는 자세나 성격적인 부분을 많이 본다. 목소리가 크고 자신감 있는 태도를 보이는 면접자에게 더 큰 점수를 주게 마련이다.

현업을 향한 진심은 보람이 된다

개발자로 일하게 되면 반복적인 개발 일로 의욕이 떨어지는 일이 생길 수 있다. 이런 마음이 들지 않도록 개발자로 일할 때 여러분들이 꼭 가졌으면 하는 마음이 있다. 바로 '현업을 향한 진심'이다. 인사고과를 위해서가 아니라, 선배한테 인정받기 위해서도 아니라, '내가 만든 프로그램을 사용할 그 사람들이 정말 잘 활용해줬으면' 하는 진심은 항상 큰 동기부여가 된다.

모든 직원들이 좋을 수는 없겠지만 한 사람 한 사람 내 가족이라고 생각하고 진심으로 대하면 본인도 보람이 있거니와 현업의 입장에서도 개발하는 사람을 싫어할 수가 없다. 현업이 불편한 게 있으면 그 현업의 입장에서 어떻게든 빠르고 정확하게 해결해주려고 하고 하나라도 더 편하게 할 수 있도록 해주려는 그 진심은 결국 본인에게 좋은 시너지 효과를 줄 것이다.

항상 이런 자세로 임한다면 인성검사든 면접이든 있는 그대로 임해도 전혀 두려울 것이 없다. 이런 자세를 가지고 있는 개발자를 누가 싫어할까? 힘들고 지칠 땐 이 마음가짐을 꼭 다시 한 번 되새겨보길 바란다.

3장

성공적인 IT 전직을 위하여

타 분야 회사의 IT 유지보수에서부터

전산실은 멀티플레이어의 무대다

나는 제조회사의 전산실에서 8년간 일했다. 400명 규모의 중견 기업 회사였는데 한 부서에서 IT 관련 지원을 다 하다 보니 정말 많은 경험을 할 수 있었다. 자기 분야가 따로 나눠져 있기보다는 멀티플레이어가 되어야 했다. 입사 당시에는 서버 관리를 도맡아서 하다가 대리 진급 전에는 SAP ERP 프로그램 개발을 하게 되었고, 과장 진급 전에는 웹 개발까지 도맡아서 하게 되었다. 그리하다 보니 프로그램 언어 또한 다양하게 접할 수 있었다.

서버 운영을 할 당시에는 서버실에 있는 서버를 모니터링하다 보니 다양한 운영체제의 서버를 다루게 되었다. MS 윈도 서버도 있었고 리눅스 서버도 있었다. 오라클, MS SQL 등의 몇 가지 데이터베이스도 모니터링하는 가운데 자연스럽게 사용하는 방법을 배우게 되었다. 그러다가 회사의 ERP 시스템 개발을 배우게 되었다. 현업이 요청을 하면 개발하는 방식이었는데, 예를 들어 매달 입출고 현황, 비용 수익 현황을 뽑고 싶다고 하면 기간과 보고 싶은 항목을 선택해 조회했을 때 그것을 출력해서 보여주는 프로그램을 만들어주는 것이다. 이런 프로그램을 계속 만들면서 데이터를 조건에 맞게 불러오는 프로그램의 기본을 자연스럽게 익힐 수 있었다.

그러다가 그룹웨어(회사에서 메일, 커뮤니티 활동, 업무 협업, 전자결재 등을 하는 시스템)에서 전자결재를 하면 타 시스템과 연동되는 개발까지 하게 되었다. 그룹웨어가 웹에서 접속하는 것이다 보니 자바, 자바스크립트, HTML을 공부하고 익히게 되었다. PC 자산관리 시스템, ERP, 그룹웨어 세 개의 시스템에서 데이터베이스를 연동하는데 '하나는 MS SQL, 하나는 오라클, 하나는 PostgreSQL' 하는 식으로 서로 다르다 보니 서로의 데이터를 연동할 수 있는 프로그램 언어가 필요했다. 결국 파이썬으로 서로 다른 데이터베이스 간에 데이터 연동을 시킬 수 있었다. 그러면서 자연스럽게 파이썬까지 배우게 되었다.

프론트엔드(HTML, 자바스크립트), 백엔드(파이썬, 자바, 오라클, MS SQL) 개발을 다 배우면서 둘 다 다룰 수 있게 되었고 서버 운영까지 해보면서 리눅스, MS 서버의 사용 방법까지 익히게 되었다. 거기다 전사 PC, 네트워크 관리까지 하고 있었는데 네트워크에 문제가 생겼을 때 랜선을 체크기로 확인했고 랜선이 문제라고 하면 직접 랜선을 제작하기도 했으며, 랜선에 문제가 없다고 하면 주변 랜선들을 연결해주는 허브는 문제가 없는지 확인했다. 그리고 최종적으로 해당 IP에 해당하는 스위치 포트 어디가 잘못되었는지 모니터링을 해본 후 서버실에서 네트워크 장비 신호도 확인하는 작업도 해봤다. 전산실 근무가 내게 준 최대의 강점은, IT에 관련된 모든 지원을 한 부서에서 하다 보니 정말 다양하게 경험을 해볼 수 있었다는 점이었다. 이 덕분에 나는 개발자로 IT 관련 회사에 입사하지 않고도 다양한 개발 관련 경험을 충분히 할 수 있었다.

전산실은 현업에서 제일 가까운 곳

전산실의 장점은 이것 말고도 또 있다. 앞서 말한 다양한 경험뿐만 아니라 현업이 어떤 점을 불편해하는지 어떤 문제가 발생하는지 가장 가까이서 볼 수 있다는 점이다. 접수하는 부서와 해결하는 부서가 따로 나눠져 있는 게 아니라 직접 접수하고 바로바로 해결하는 게 일상화되어 있다 보니 현업의 목소리를 가장 가까이서 들을 수 있었다. 철저히 업무가 분리된 대기업이라면 이렇게 현업의 목소리를 가까이서 들을 기회는 접하기 힘들 수도 있다.

프로그램에서 어떤 오류가 발생하는 경우, 어떤 부분이 불편하게 느껴지는 경우, 사이트가 늦게 들어가지는 경우, 시스템이 작동을 안 하는 경우 모두 현업에서 바로바로 연락이 온다. 내가 전산실에서 근무를 8년 동안 하면서 느낀 것은, 오류를 분석해보면 정말 다양한 원인으로 장애가 발생한다는 점이었다. 프로그램 조건을 너무 광범위하게 돌린 사람이 있어서 시스템이 중지될 수도 있고 개발자가 프로그램 설계를 제대로 못해서 오류가 나서 문제가 생겼을 수도 있다. 평소에는 여유를 갖고 처리해도 괜찮은 경우가 많지만 때론 긴박하게 조치를 취하지 않으면 큰 문제가 발생할 때가 있다.

특히 마감 때가 되면 얼른 고객에게 세금계산서를 보내고 전표를 끊어야 하는데 그 처리 자체가 안 돼서 딜레이되는 경우도 많았다. 특히 연말정산 시즌과 같은 특정 시기가 오면 연말정산 프로그램을 현 정부의 정책에 맞게 수정을 해줘야 하는데, 연말정산이 시작되기 전에 마무리가 되지 않으면 현업의 연말정산이 제때 이뤄질 수 없다. 따라서 기한에 맞추기 위해 수단과 방법을 가리지 않는다. 항상 여유가 있으면 참 좋겠지만 개발자라는 일은 언제나 이렇게 변수가 생기고 긴박한 상황이 종종 발생한다. 그리고 그 긴박함은 현업의 절박함이기도 하다. 그 절박함을 몸소 느껴야 현업의 불편을 몸소 느낄 수 있다. 이는 요청에 의해서 개발만 해서는 배울 수 없는 값진 경험이다.

여기에 더 나가서 현업의 불편사항을 취합하면서 내가 먼저 나서서 그 요청사항을 해결해주기 위한 설계를 하고 개발을 하게 되면 그것만큼 보람된 일은 없다. 전산실은 그런 의미에서 현업의 목소리를 가장 가까이서 듣고 경험하기에 정말 최적의 장소다.

전산실에 들어가려면?

그러면 전산실에 들어가려면 어떤 경로를 택해야 할까? 나 같은 경우에는 전산실에 마침 빈자리가 생겨서 지원을 하고 들어갈 수 있는 기회를 얻었다. 전산실 직원을 필요로 하는 기업들은 잡 포털 사이트들을 찾아보면 많이 찾을 수 있다. 기업들은 전산실 지원 요건으로 컴퓨터공학과나 산업공학과처럼 관련 학과를 나온 사람들을 선호한다. 나 같은 경우에도 산업공학과를 나와 회사 경영이나 시스템에 대해서 배운 이력이 있어서 도움을 받았다.

관련 학과 전공자가 아니더라도 전산실에 들어가는 게 불가능한 것은 아니다. 당시 내 후배로 지원한 사람들도 IT 관련 학과 전공자가 아닌 사람도 꽤 있었다. 산업공학과를 나온 후배가 결국 뽑히긴 했지만 마케팅이나 경영학과였던 사람들도 꽤 경쟁력이 있었다. 학원에서 공부를 해왔거나, 관련 자격증을 준비해뒀거나, 경진대회 등 프로젝트를 해보고 왔을 경우 관련 학과를 나온 것보다 더 눈이 갈 수 있다. 꼭 대학교에서 배웠다고 해서 더 잘하는 건 결코 아니다. 실질적인 기술이 뭔지를 더 파악하고 미리 공부해서 온다면 관련 학과를 나온 것보다 더 큰 점수를 얻을 수 있는 것이다.

전산실에 들어갈 때 준비하고 가면 좋은 것이 몇 가지 있다. 우선 그 회사가 어떤 시스템을 쓰는지를 미리 찾아보길 권한다. 나도 사전에 회사에 대해 검색하고 SAP ERP를 사용하고 있음을 알고 그에 대한 준비를 해갔다. SAP ERP 시스템을 개발하는 프로그램 언어 아밥(ABAP)에 대해 미리 좀 공부를 했다. 이렇게 최소한 그 회사의 시스템이 뭔지를 알아만 가도 면접 시 꽤 큰 점수를 받을 수 있다.

대기업만이 답은 아니다

난 중견기업에 재직했고, 그로 인해 여러 가지 일을 해야 하는 것이 아쉽기도 했다. 하지만 지나고 보니 '그만큼 성장할 수 있었던 좋은 기회가 아니었을까?' 하고 생각한다. 안정적인 곳이 아니라 자신이 가장 많이 성장할 수 있는 곳으로 입사하기를 추천한다. 앞서 나는 전산실을 추천했지만, 꼭 전산실이 아니더라도 여러 가지 경험을 다양하게 할 수 있는 곳이면 다 좋다.

지금 막 커가는 스타트업도 좋은 곳이다. 난 지금 취업을 준비하는 사람들이 취업이 끝이 아니라 그 이후를 꼭 생각했으면 한다. 결국 나중에는 회사에 의존하지 않고 스스로 돈을 벌 수 있는 능력이 정말 중요하다. 그걸 처음부터 끝까지 배우기 가장 좋은 곳이 스타트업이다. 여러 가지 일에 치여서 워라밸이 지켜지지 않을지는 모르지만 스타트업은 대학교보다 더 좋은 학교가 될 것이다. 회사가 처음 커갈 때 겪는 시행착오를 미리 배울 수 있는 곳이기 때문에 나중에 스스로 돈을 벌 수 있는 능력을 키우기에 적합하다. 물론 중견기업과 마찬가지로 일이 세분화되어 있지 않기 때문에 다양한 경험을 하면서 빠르게 성장할 수 있다. 짧은 시간에 많이 성장할수록 여러분의 연봉은 더 빠르게 올라갈 것이다.

직접 개발하고 돌아가는 시스템을 만들자

뭐든 만들어보면 감이 온다

프로그램 개발을 처음 접해보면 낯설고 막막하고 어렵게 느껴질 것이다. 온라인 강의나 책으로 공부하고 하나하나의 기능을 알아도 내가 직접 돌아가는 시스템을 만들어보지 않으면 그걸 어떻게 활용하는지 정확히 알기가 힘들다. 이럴 땐 꼭 자신만의 결과물을 만들어봐야 한다. 단순하게 기능적으로 프로그램 언어에 대한 이론을 배워서 짜깁기하는 게 아니라 실제로 저장되는 공간을 개인 PC든 웹상의 클라우드 공간이든 만드는 게 좋다. 그러고 나서 그 공간에 데이터가 저장되고 화면에서 그 데이터들을 불러오는 모든 과정을 직접 해봐야 '아, 프로그램이라는 게 이렇구나' 하고 알 수 있다.

다행히 인터넷상에 굉장히 많은 정보가 상세하게 올라와 있다. 구글이나 네이버에 조금만 검색해보면 내가 지금 구축하고자 하는 프로그램 언어로 서버를 만들고 저장할 수 있는 데이터베이스를 만들고 저장하고 불러오고 하는 모든 일련의 과정이 아주 상세하게 매뉴얼화되어 있는 걸 확인할 수 있다. 실제 소스들도 우리가 볼 수 있게 공개되어 있는 곳들 또한 많다. 누구나 볼 수 있도록 공개해놓은 소스를 '오픈 소스(Open Source)'라고 하는데 오픈 소스는 누구나 이용할 수 있고, 공개된 코드를 기반으로 변경이 가능하다. 많은 개발자들에게 검증된 소스를 기반으로 하기에 폐쇄망에서 사용하는 소스보다 안정성과 신뢰도가 높다고 할 수 있다. 이런 오픈 소스를 쉽게 접할 수 있는 대표적인 웹서비스가 깃허브(GitHub)다.

개발자 깃허브로 포트폴리오를 만들자

개발에 조금이라도 관심이 있는 사람은 '깃허브'라는 말을 많이 들어봤을 것이다. 깃허브란 '깃(Git)'을 웹에서 편하게 쓸 수 있도록 만든 도구라고 생각하면 된다. '깃'이라는 건 소스 코드 관리를 위한 분산 버전 관리 시스템이다. 쉽게 말해 인스타그램에 우리가 사진을 올리면 모든 이력이 남듯이 소스들의 이력을 저장하는 소스 저장 공간이라고 생각하면 된다. 누가 소스를 수정했고 어떤 부분을 수정했는지, 어떤 부분을 삭제했는지, 어떤 부분을 추가했는지 등 모든 이력을 저장한다. 이 시스템은 오픈 소스계의 영원한 아이돌이자 리눅스 개발자 리누스 토발즈(Linus Torvalds)가 기존 관리 툴이 엉망이라 2주 만에 만든 것이다.

깃은 매우 빠른 속도와 한 공간에 다 저장하는 게 아닌, 분산시켜서 저장할 수 있는 점이 특징이다. 이 깃 덕분에 오류가 발생했을 때 복구할 수 있고 소스 코드가 변경한 사항 혹은 변경한 사람을 추적할 수 있다. 여러 사람과 동시에 협업하는 것도 가능하다. 내가 앞서 언급했던, 주 52시간 제도로 인해 만든 사전 근무 신청 결재 시스템도 깃에 업로드했다. 전자결재 시스템이 있는 그룹웨어(회사에서 메일, 커뮤니티 활동, 결재 승인 등을 할 수 있는 시스템) 회사에서 깃에 소스를 전부 업로드해 관리를 했고 내가 그 깃을 다운받아서 수정하고 항상 수정사항을 업로드해놨다. 내가 회사를 그만둔 후에도 내가 수정했던 소스들은 이력이 여전히 깃에 잘 저장되어 있기 때문에 내가 따로 소스를 백업하지 않아도 인수인계도 문제없이 이뤄질 수 있었다.

내가 해당 프로젝트를 진행할 때 사실 해당 시스템에서 사용된 프로그램 언어들에 대한 지식이 많이 없었음에도 무사히 마칠 수 있었던 건, 깃에서 소스를 다운받을 수 있었기 때문이다. 다른 결재 양식들의 소스들을 보고 벤치마킹하고 연구하여 배운 덕분인 것이다. 이렇게 회사의 소스를 전부 받아서 하는 경우는 회사의 담당자였기 때문에 가능한 일이긴 했지만 깃허브에서는 여러분들이 찾아볼 수 있는 오픈 소스들이 널려 있다. 여러분이 만들어보고 싶은 시스템과 유사한 깃을 다운받아서 직접 수정해보고 테스트해볼 수 있다. 이렇게 수정해서 돌아가는 시스템을 만들면 저절로 포트폴리오에 올릴 수 있는 프로젝트 하나가 완성되는 것이다.

깃허브로 포트폴리오를 만드는 팁

회사에 지원할 때 본인의 블로그 URL 주소를 넣는 칸을 본 적이 있을 것이다. 자기를 어필할 수 있는 웹사이트를 소개하는 건데 깃허브는 블로그보다 더 효율적으로 개발자들이 자기소개를 할 수 있는 사이트다. 깃허브에 올려놓은 소스와 연동해서 포트폴리오를 작성할 수 있기 때문에 이 사람이 어떤 기술들을 공부했고 어떤 프로젝트 개발을 했는지 한눈에 볼 수 있다. 첨언컨대 깃허브를 꾸미는 데 소소한 팁이 있다. 참고하면 유용한 내용이라 소개해보고자 한다.

각종 사진을 올릴 수 있지만 본인의 사진 외에 다른 사진들은 추천하지 않는다. 애완동물 사진이라든지 연예인 사진은 올리지 않는 게 좋다. 본인의 사진을 프로필 사진으로 올리는 것이 가장 좋다. 그렇다고 너무 경직된 증명사진을 올리라는 건 아니고 자연스럽게 미소 지으며 찍은 사진을 올려주면 좋은 이미지를 심어줄 수 있다. 깃허브의 유저네임도 별명을 넣기보다는 자기의 이름을 넣어주는 것이 좋다. 숫자는 붙이지 말고 고유의 자기 이름을 넣어주는 게 좋다. 등록하는 이메일 주소도 웬만하면 본인의 이름으로 계정을 하나 만드는 게 좋다.

이제 개발하고 있는 것들을 보여줄 차례인데, 본인이 개발한 것을 깃에 잘 업로드해야 한다. 깃에 소스를 업로드하는 것을 '커밋'이라고 한다. 이 커밋을 나눠서 자주 해주는 게 좋으며 꾸준히 개발하고 있다는 인상을 주는 게 좋다. 본인이 지금 공부하고 있는 것을 소스로 차근차근 올려보는 걸 추천한다. 개발을 할 때 커밋은 나눠서 구분하여 올리는 게 좋다. 나중에 복구를 할 때도 문제가 생기는 그 부분만 찾아서 복구할 수 있기 때문에 클래스나 메소드를 새로 만들 때마다 해주는 게 좋다. 클래스, 메소드는 한 줄의 코드로 길게 짜놓은 소스를 실행할 수 있는 하나의 묶음이다. 기능별로 구분해서 커밋해놓으면 소스를 관리하는 데 굉장히 용이하다. 나도 처음엔 그걸 모르고 개발이 완료될 때까지 로컬 PC에만 저장해놓았다가 한꺼번에 업로드를 하곤 했는데 문제가 안 생겼기에 망정이지 소스에 문제라도 발생했거나 백업이 제대로 되지 않았으면 곤란한 상황을 겪었을 것이다.

커밋을 할 때는 제목만으로 어떤 수정을 했는지 알아볼 수 있도록 해주자. 단순히 주석을 달았는지, 콜론을 빼먹는 단순한 실수인지, 오류를 수정한 것인지, 기능을 추가한 것인지 등 어떤 커밋인지 한눈에 알아볼 수 있게 커밋 이름도 규칙을 정하는 것을 추천한다.

재직 중에 파이썬을 하자

엑셀이 과연 최선일까?

현재 회사에 다니고 있는 사람들 중 엑셀을 사용해보지 않은 사람은 거의 없을 것이다. 엑셀의 중요도는 아무리 강조해도 지나치지 않다. 자기가 업무 중인 데이터를 표로 관리하고, 거기서 조건에 맞게 필터도 걸어서 원하는 값만 볼 수도 있다. 그리고 VLOOKUP, SUMIF, COUNTIF 같은 함수들을 이용해 어떤 조건의 데이터가 어디 있는지 찾아서 그 값을 넣어주기도 하고, 특정 조건에 해당되는 총합을 구하기도 하며, 조건에 맞는 데이터의 개수가 몇 개인지를 계산해서 넣어주기도 한다.

나 또한 재직 중에 직무교육 강사로 나가서 신입사원 엑셀 강의를 한 적이 있다. 요즘 신입사원들의 경우, 엑셀은 익히 잘 알고 있어서 굉장히 능숙하게 다루는 사람이 대다수였다. 데이터도 쉽게 정리할 수 있고 이쁘게 테두리도 그리고 색칠도 하고 그래프도 적용하고 손쉽게 프레젠테이션 자료도 만들고 보고서를 만든다. 여러 개의 시트로 만들어 하나의 파일로 관리하기도 한다.

직장 생활을 할 때 근무 부서가 전산실이다 보니 나는 이런저런 장애와 관련한 문의를 자주 받았다. 그때 굉장히 연락이 많이 왔던 장애 중 하나가 ERP 시스템에 대한 문의였고, 그다음 의외로 많이 문의해온 것이 엑셀에 대한 것이었다. 회사에서는 엑셀 같은 경우 MS 버전별로 계속 구매를 해야 하는데 항상 최신 버전을 구매할 수 없기 때문에 구 버전을 사용하는 사람도 있고 최신 버전을 사용하는 사람도 있다. 버전별로 호환이 안 되기도 하고, 버전이 올라가면 더 좋아져야 하는데 도리어 느려지는 경우도 있다. 그리고 구 버전에서 잘 만들어놓은 파일들이 호환이 안 되어 사용을 못해서 다운그레이드를 하는 경우도 있었다. 랜섬웨어라도 잘못 걸려서 파일이 암호화되어버려 기껏 작성해뒀던 파일들을 몽땅 사용할 수 없게 되는 최악의 상황까지 간 직원도 있었다.

그중에 제일 많이 연락이 왔던 문제는 "엑셀 시트를 여러 개 띄워놓고 작업하면 버벅거려서 도저히 일을 할 수 없어요"라는 것이었다. 모든 사원들의 PC를 항상 최신 사양으로 맞춰줄 수 없으니 오래된 PC를 사용하는 사람들에게서 주로 연락이 왔다. 하지만 최신 PC를 받아도 엑셀을 워낙 많이 띄워놓고 작업하는 사람들은 여전히 느리다는 불평을 했다. "적당히 띄워놓고 하세요"라는 답변을 했지만 업무상 여러 시트를 보고 비교하고 분석해야 하는 직원들은 이런 상황에 매우 답답해했다.

엑셀 말고 파이썬!

이런 어려움을 해결해주려고 나도 아예 프로그램을 만들어서 현업에서 원하는 리포트를 엑셀로 자동으로 계산해서 뿌려주는 프로그램까지 만들어준 적이 있었다. 월별로 매출, 원가, 손익, 재고 등을 ERP 프로그램에 있는 데이터를 가지고 출력해줘야 했기 때문에 ERP 프로그램을 다룰 줄 알아야 했지만 일단 데이터들을 뽑고 나서 그 데이터를 또 2차로 가공하는 사례들이 워낙 많아 프로그램으로 해결해주고자 했다. '데이터 분석을 우리 같은 전산실 직원에게 요청하지 않고도 알아서 해결할 수 있다면 얼마나 좋을까?', '엑셀을 사용하지 않고도 수많은 데이터를 손쉽고 빠르게 처리할 수 있다면 얼마나 좋을까?' 하는 생각을 했다. 그 방법을 알 수만 있다면 엑셀의 늪에서 헤매는 사람들은 줄어들지도 모를 일이었다.

'과연 엑셀이 최선인 걸까?' 하고 고민하는 이들에게 훌륭한 대안이 있다. 앞서 계속 언급했던 파이썬(Python)이다. 파이썬을 사용하면 수많은 데이터들을 분석하느라 엑셀 시트를 여러 개 띄워놓고 고생하지 않아도 되고 손쉽게 데이터를 분석해낼 수 있다. 엑셀의 최대 행렬의 개수는 1,048,576개다. 그런데 우리가 업무하다가 몇만, 혹은 수십만의 데이터를 다뤄야 한다면 엑셀로 과연 빠르게 분석할 수 있을까? 이걸 파이썬은 코드 하나로 단숨에 해결할 수 있다. 그 코드만 우리가 작성할 줄 안다면 우리는 야근하지 않고도 일처리를 할 수 있는 굉장한 치트 키(cheat key)를 얻는 셈이다. 단언컨대 파이썬으로 업무를 처리할 수 있는 능력은 이직할 때도 매우 큰 메리트를 제공해준다.

파이썬을 배워야 살아남는다

직장을 다니면서 많이들 하는 고민이 '나는 이 회사를 다니면서 과연 성장하고 있나?', '반복된 업무만 하면서 과연 어떤 경쟁력을 키울 수 있을까?'라는 고민이다. 내 주변에도 이런 고민을 하고 있는 사람들은 꽤 많이 있었다. 내 경우엔 전산실에서 일하고 있어 다양한 프로그램 언어를 배우면서 자연스럽게 스펙을 업그레이드 하고 있었는데, 이런 전문직이 아닌 부서에서 일하는 직원들은 딜레마에 빠지는 경우가 많았다.

그렇게 딜레마에 빠져 있거나 본인의 경쟁력을 확보하고 싶어 하는 이들에게 나는 대안책으로 파이썬을 적극 추천한다. 수많은 엑셀 파일들과 워드 문서들을 계속 검토해야 하는 직업이라면 파이썬은 이런 막노동에서 벗어날 수 있는 치트 키가 되어줄 뿐만 아니라 내 미래를 위한 로드맵을 그리는 데도 훌륭한 기반이 되어줄 수 있다. 앞서 4차 산업혁명 관련해서 인공지능, 빅데이터, 블록체인 기술들에 대해 언급했는데 이 기술들 중에서 파이썬이 쓰이지 않는 곳이 없다. 점점 일반 사무직이 하는 일은 자동화되어 일자리가 줄어들 것이고, 개발자들을 많이 필요로 하는 시대가 될 것이다. 그때 우리가 파이썬 하나만 제대로 할 줄 안다면, 적어도 대책 없이 구조조정이 되고 나서 갈 곳이 없어 전전긍긍하는 일만은 피할 수 있다. 더 운이 좋다면 개발자로 이직할 수 있고, 개발자가 아니더라도 자신이 하는 업무를 기반으로 전문지식을 활용해 개발을 기획하는 일을 할 수도 있다.

최근 많은 기업들에서 인공지능과 빅데이터를 도입하기 시작하면서 관련 개발자를 많이 찾는 추세지만, 이에 더해 도입할 업무를 잘 다루고 잘 이해하는 현업 직원도 역시 많이 필요로 한다. 이는 곧 자신이 잘하는 분야를 기반으로 기획을 하는 사람으로 얼마든지 갈 수 있다는 말이다.

단순 사무직이 설 땅은 좁디좁다

이젠 단순 사무직이 설 곳이 점점 사라지고 있다. 내가 회사를 그만두기 직전에 부서에서 RPA(Robotic Process Automation, 업무자동화) 프로젝트를 진행하고 있었는데 일반 사무직원들이 하는 단순 반복 업무를 자동으로 돌아가게 할 수 있는 것들을 찾아 몇 가지 적용을 했다. 그중에 하나가 회계팀에서 국세청 사이트에 반복적으로 등록하는 업무가 있었는데 자동화를 통해 업무 부담을 줄여주었다. RPA 분야뿐만 아니라 인공지능과 빅데이터를 활용하여 업무를 대체하는 사례는 점점 늘어나고 있다. 이럴 때 살아남는 방법은, 없어지지 않는 직업으로 얼른 갈아타는 것이다. 파이썬은 그 갈아타는 길에 치트 키가 되어줄 것이다.

네이버에 파이썬과 엑셀을 함께 검색해보면 파이썬으로 엑셀을 분석하는 방법에 대한 블로그와 무료 강의 사이트가 널려 있다. 서점에도 파이썬을 업무에 활용하는 방법에 대한 책들이 굉장히 많이 출간되었다. 미루지 말고 지금 바로 검색을 하든 책을 사든 파이썬을 배워 업무에 적용해보자. 개발자를 꼭 목표로 하지 않는다고 해도 엑셀만 다룰 줄 알던 여러분의 업무 역량을 한층 업그레이드해줄 것이다.

자신의 전문 분야는 반드시 확보하자

의존하지 않고 잘할 수 있어야 전문 분야다

개발자 경력직 채용공고를 보면 대부분 특정 프로그램 언어를 명시한 경우가 많다. 경력직으로 뽑고자 하는 건 그 분야를 잘하는 사람이 없어서 필요로 한다는 뜻이며 그 분야만큼은 누구에게 의존하지 않아도 잘할 수 있어야 한다는 것이다. 그렇기 때문에 경력직에게 기대치만큼 연봉을 올려서 주는 것이며 그 연봉에 책임을 질 수 있어야 한다.

개발자들의 전문 분야라는 건 그 프로그램 언어만큼은 누구한테 의존하지 않고 잘할 수 있는 분야라는 말이다. 그건 적당히 한두 번 프로젝트를 해본 정도가 아니라 그 프로그램 언어를 활용해 다수의 프로젝트에 참여해서 노하우가 쌓여 있어야 한다는 뜻이다. '자바면 자바, C언어면 C언어, 파이썬이면 파이썬' 하는 식으로 본인이 잘하는 분야가 정해져 있어야 한다. 그 프로그램 언어에 대해서 현업에게 배포하고 피드백을 받고 수정도 하고 장애도 겪어 보며 다수의 경험치가 쌓였을 때 비로소 '전문 분야가 있는 개발자'라 할 수 있다.

이력서와 포트폴리오를 채울 때의 노하우

전문 분야를 확보한 다음에는 무엇을 준비해야 할까? 자신의 전문 분야를 어필하고 알리는 일이 필요하다. 가장 활용도가 높은 방법은 이력서 작성과 포트폴리오 만들기다. 전문 분야를 이력서에 잘 기재하고 포트폴리오에 이를 효과적으로 구현해야 한다.

앞서 얘기했던 '깃(Git)'을 통해 소스와 함께 연동해서 정리하는 게 제일 좋다. 본인이 회사를 다니면서 했던 프로젝트들에서 어떤 프로그램 언어를 사용했고 개발 기획부터 개발 후 피드백 및 수정 내역 등까지 담겨 있어야 한다. 사내 프로그램 소스들을 보안상 깃에 업로드하기 힘들다면 어떤 프로젝트에 참여했고 어떤 화면을 만들었는지 현업에게 배포한 후 피드백을 해주거나 장애 시 대처 방법 등을 상세하게 적어주는 게 좋다. 다양한 프로그램 언어를 접해보는 것도 중요하겠지만, 자신이 제일 잘할 수 있거나 제일 자주 접했던 프로그램 언어 하나를 집중적으로 어필하는 게 좋다. 물론 지원을 할 때도 제일 많이 해보고 익숙한 프로그램 언어에 지원하는 게 좋다.

하나에 집중해야 이직이 수월하다

개발자를 준비하는 사람이라면 어떤 분야를 공부해야 할지 고민에 빠진다. '이것도 유망하다고 하고 저것도 알아야 한다고 하는데, 그러니 다 배워야 할 것 같은데 언제 다 배우나?' 하는 생각이 들고 막막하기만 하다. 앞서 얘기한 바 있지만 개발자는 선택과 집중이 중요하다. 프로그램 언어는 문법이 어느 정도 비슷하기 때문에 하나만 잘해도 다른 언어로 확장하기 쉽다. 그러나 그 하나를 제대로 못하면서 이것저것 하다 보면 연차가 쌓여도 제대로 할 줄 아는 것은 하나도 없어서 이직을 하기도 쉽지 않다. "내가 이 프로그램 언어만큼은 자신 있게 할 수 있고 원하는 화면을 만들어낼 수 있다"라는 말을 할 수 있어야 경력을 인정받고 연봉을 올려 이직을 할 수 있는 것이다.

기본축이 되는 언어를 기준으로 다양하게

하나에 집중하라는 의미가 프로그램 언어 하나 말고는 아무것도 배우지 말라는 뜻은 아니다. 개발을 하면서 프로그램 언어를 축으로 자연스럽게 연결된 기술까지 할 줄 알아야 한다. 예를 들어 자바를 공부한다고 할 때 데이터를 저장하고 불러오는 기능을 구현하려면 당연히 데이터베이스에 있는 데이터를 저장하고 불러오게 하는 SQL(Structured Query Language: 요청을 구조화된 형태로 할 수 있는 언어)은 기본적으로 알아야 한다. 자바로 추출한 데이터를 화면에

띄우기 위해서는 HTML과 자바스크립트도 알아야 한다. 이런 식으로 자바라는 하나의 축을 두고 데이터를 다루는 곳부터 화면으로 나타내는 부분까지 알아야 한다는 뜻이다.

한 가지 분야에 집중하라고 하는 건 '자바, 파이썬, C언어'의 세 가지 언어를 동시에 하기보다는 '자바면 자바, 파이썬이면 파이썬, C언어면 C언어' 하는 식으로 하나의 전문 분야를 만들어놓으라는 말이다. 물론 틈틈이 공부하면서 늘려가는 건 좋다. 하지만 가장 우선시해야 할 것은 본인이 지금 업무에서 제일 많이 사용하는 프로그램 언어를 정말 잘할 수 있게 되는 것이다.

스타트업, 중소기업에서 전문 분야 확보하기

사실 대기업이라면 한 분야에 집중하기 좋지만 스타트업이나 중소기업은 여러 가지를 해야 할 수도 있다. 내가 전산실 유지보수를 하면서 다양하게 배우는 것을 추천하기는 했지만 여기서 경계해야 할 것은 너무 이것저것 하다가 정말 잘할 수 있는 게 하나도 없게 되는 것은 경계해야 한다는 점이다. 다양하게 배울 수 있는 환경은 좋지만 본인이 집중적으로 실력을 키워야 하는 언어는 하나 정해놓고 가는 게 좋다.

이것저것 하다 보면 거기에서 또 얻는 게 분명 있기는 하다. 하지만 시간에 쫓겨서 품질이 떨어지는 코드를 자꾸 작성하다 보면 실력이 정체되게 되어 있다. 여기에서는 본인의 노력이 조금 더 필요하다. '지금 나의 코드를 더 간결하고 효율적으로 할 순 없을까?' 하고 끊임없이 고민하고 수정해나가야 한다. 지금 당장 작동을 한다고 해도 분명 비효율적으로 코드를 만든 부분이 있을 것이다. 코드를 리뷰해줄 수 있는 선후배를 최대한 활용하자. 그게 여의치 않다면 본인이 계속 공부를 해나가면서 끊임없이 고민해야 한다.

전문 분야를 장착했을 때의 비전

이렇게 전문 분야를 장착하게 되면 경력직으로 이직했을 때 본인도 연봉에 만족하며 즐겁게 일을 할 수 있다. 또한, 하나의 전문 분야가 쌓여서 더 빠르게 시니어 개발자(고급 개발자)로의 길로 접어들 수가 있다. 이렇게 되면 몸값은 수직 상승하게 되어 있고 프리랜서로도 자신감 있게 일할 수 있게 되어 어디에 소속되지 않고도 개인 브랜딩으로 일거리를 찾고 자유롭게 일할 수 있게 된다.

향후 꼭 개발자가 아니더라도 이걸 가르치는 입장으로 가서 교육으로도 부가적인 수익을 창출할 수 있고 이와 관련된 사업으로의 확장성도 있기 때문에 본인이 회사에 의존하지 않고 스스로 돈을 벌 수 있는 밑거름이 될 수 있다. 그렇다고 하나만 하라는 소리는 당연히 아니다. 앞서 말했지만 큰 축이 되는, 하나의 전문 분야에서 깊이 있게 실력을 키우되 자연스럽게 다른 부분으로 점차 확장해나가서 경쟁력을 키우는 것 또한 중요하다.

디지털 트랜스포메이션의 핵심, SAP ERP

ERP 업계 1위, SAP

ERP는 'Enterprise Resource Planning'의 약자로 '전사적 자원 관리'라 부른다. 기업의 경쟁력을 강화하기 위하여 경영 활동에 쓰이는 기업 내의 모든 자원을 효율적으로 관리하는 통합 정보 시스템으로 기업에서 생산, 구매, 판매, 회계, 인사, 재고 관리 등의 데이터를 입력하고 연계하고 관리하는 시스템을 의미한다고 보면 된다.

현재 ERP 시스템을 사용하지 않는 기업은 드물다. 우리가 익히 알고 있는 모든 기업이 ERP를 사용한다고 봐도 무방하다. 세계적으로 유명한 ERP 업체는 SAP, 오라클, MS가 있고 국내 업체는 더존과 영림원 등이 유명하다. 그중에 전 세계 기업에서 제일 많이 사용하는 ERP 업체가 SAP다. 국내에서도 삼성전자, 카카오, 현대자동차 등 우리가 익히 알고 있는 대기업들의 대다수가 SAP ERP

를 사용하고 있다. 이 말은 곧 개발자들이 필수적으로 알아야 할 역량에서 SAP ERP를 빼놓을 수 없다는 뜻이다.

혁신 대상은 SAP ERP

최근 기업들에서 디지털 트랜스포메이션을 많이 진행 중이다. 디지털 트랜스포메이션은 사물인터넷, 빅데이터, 인공지능, 클라우드 등의 IT 기술을 이용해 기존 방식을 혁신하는 것을 말한다. 기업의 혁신 대상에서 빼놓고 이야기할 수 없는 것이 또한 ERP다. 기업에서 다루는 정보는 ERP를 대부분 거치기 때문이다.

ERP에는 기업에서 생산하고 판매하며 구매한 모든 정보가 들어 있다. 예를 들어 원자재 구매팀에서 구매 정보를 ERP에 입력하면 공장 생산팀은 이 원자재를 가지고 생산한 물품 정보를 ERP에 입력한다. 그리고 최종적으로 영업 사원은 이 상품을 판매할 때 ERP를 통해 재고를 확인하고 판매 정보를 ERP에 입력하는 것이다. ERP에는 한 제품의 이력뿐 아니라 부서 회식비나 업무 추진비 등의 제반 비용도 입력된다. ERP는 이렇듯 한 기업의 비용 지출에 대한 모든 정보를 모아 재무제표를 출력하고 손익과 비용을 계산해서 보여준다.

그러므로 ERP 영역에서 디지털 트랜스포메이션을 실현하고자 할 경우, 일례로 생산팀이 ERP에 입력하는 과정을 자동화한다든지 할 경우에는 사물인터넷을 활용해 공장에서 생산한 제품들이 생산되었을 때 바코드를 찍어서 자동으로 생산 정보를 식별할 수 있게 하고 출고될 때 재고 현황이 자동으로 업데이트되게 할 수 있다. 이렇게 하면 적정 재고가 얼마인지를 인공지능이 계산해서 어느 정도의 재고를 유지했을 때 최적인지가 나와 재고 관리를 자동으로 해준다. 또한 판매 정보를 빅데이터로 분석해서 어느 지역에 어떤 고객층 수요가 많은지를 타깃으로 해 효율적인 영업 솔루션을 제공하는 일도 가능하다.

이 모든 과정이 다 ERP 시스템과 연동하지 않고는 불가능하다. 그러니 ERP를 다룰 줄 모른다면 반쪽짜리인 것이다. 그중 SAP ERP는 국내는 물론 글로벌 기업까지 전 세계 점유율 1위이므로, 기본적으로 SAP ERP 언어를 다룰 줄 알고 모듈별 운영 지식까지 갖춘다면 IT 업계로 직무를 전환하는 데 충분한 경쟁력을 가질 수 있을 것이다.

파이썬보다 쉬운 언어, 아밥

아밥은 독일의 협업 비즈니스 솔루션 회사가 개발한 고급 프로그래밍 언어다. 아밥을 활용하면 SAP ERP 안에 있는 데이터를 다룰 수 있을 뿐만 아니라 프로그램별로 어떻게 데이터를 추출해서 보여주는지 분석할 수 있고 사용자들이 입력하고 입맛에 맞게 원하는 데이터를 뽑을 수 있도록 새로운 프로그램을 만들어줄 수 있다. 파이썬이 배우기 쉬운 언어라고 말했는데 이보다 쉬운 개발 언어가 아밥이다.

아밥은 SAP ERP 기본 화면 틀 안에서 움직이다 보니 상대적으로 화면을 구성하는 방식이 한정되어 있고, 기존에 내장되어 있는 프로그램들만 분석해봐도 금방 배울 수 있다. 대신 SAP ERP라는 프로그램은 무료로 배포되는 것이 아니며 데모 버전이 있지만 일정 기간만 사용이 가능해서 유료로 구매해야 한다. 개발 환경을 구축하는 것도 생각보다 단순하지 않다. 실제 기업에서 사용하는 데이터가 아닌 샘플 데이터와 한정된 프로그램만 가지고 배워야 하고 SAP에서 운영하는 교육 프로그램 또한 고가인 경우가 많아 배우기 쉽지는 않다.

그래도 일단 돈을 내고 실습 환경을 갖추고 교육과정을 들어놓으면 꽤 경쟁력이 생긴다. 배우기 쉽지 않다는 것은 그만큼 배워놓으면 경쟁력이 생긴다는 것이다. 교육과정 금액이 부담된다면 실습 환경을 구축하는 데에만 돈을 쓰고 책을 사서 독학을 하는 방법도 있다. 생각보다 어렵지 않기 때문에 독학으로도 충분히 준비하는 게 가능하리라 본다. 독학으로 준비해서 SAP ERP를 사용하는 기업의 전산실에 입사해 제대로 배우는 것도 좋은 방법이다. 나도 책을 통해서 미리 공부했고, 회사에 들어간 후 유료 교육과정을 회사에서 지원해주었으며, 회사 프로그램을 직접 뜯어볼 수 있었기에 더 배우기 좋았다.

점점 더 귀해지는 모듈별 운영 컨설턴트

SAP ERP는 많은 모듈이 내장되어 있다. 모듈이라는 건 판매, 구매, 생산, 회계, 원가, 인사, 시스템 운영 등으로 나눠진 큰 프로그램 구분을 말하는데 SAP ERP를 구매할 때 이 모든 게 다 들어 있는 게 아니고 필요한 모듈을 선택해서 구매한다. 예를 들어 제조회사 같은 경우에는 생산 모듈이 필수적으로 들어가지만 제조회사가 아닌 회사들은 생산 모듈이 필요 없기 때문에 구매하지 않는다.

그런데 문제는 이 ERP라는 프로그램이 한 모듈만 해도 어마어마하게 많은 프로그램이 내장되어 있고 이 프로그램들을 어떻게 사용해야 하는지, 이 데이터들이 모듈 간에 어떻게 연결되어 있는지까지 알아야 하는데 이게 생각보다 광범위해서 배우기가 굉장히 까다롭다는 점이다. 나는 그나마 배우기 쉽다고 하는 판매 모듈 교육과정을 일주일 동안 배웠는데 그게 기본 과정이었다. 심화 과정까지 다 배우려면 모듈별로 한 달 이상이 걸린다. 교육 비용 또한 고가이기도 하고 그 기업에 들어가서 직접 프로그램을 사용하지 않는 이상 교육과정만으로는 감도 안 잡힌다. 이게 SAP ERP를 사용하는 회사나 SAP ERP를 운영하고 유지보수를 하는 외주 업체에 다니는 사람이 아니고서는 접하기 쉽지 않아서 커뮤니티도 잘 활성화되어 있지 않다.

운영 컨설턴트에게 가장 까다로운 업무는 예상치 못한 장애 발생 시 해결하는 일인데 그나마 활성화되어 있는 SAP ERP 영어 사이트 커뮤니티에 들어가서 장애 사항이나 오류를 검색해서 찾아

봐야 한다. 이건 정말 수년간의 경험이 아니고는 익히기 쉽지 않기 때문에 경험이 있는 모듈별 운영 컨설턴트가 굉장히 귀하다. 하지만 일단 경력을 쌓고 나면 큰 경쟁력을 가진다.

대기업들의 SAP ERP 인재 구하기 전쟁

SAP ERP를 사용하는 대기업들에서 최근 디지털 트랜스포메이션 열풍이 불면서 SAP ERP를 잘하는 사람을 찾는 수요가 늘어나고 연봉이 더 올라가고 있다. 나 또한 일을 그만두고 나서 스카우트 제의가 오기도 했다. 최근 대기업들에서 SAP ERP 경력자들의 연봉을 올리기 시작해 중소기업들에서 인재를 구하기가 더 어려워졌다는 소식을 접했다. 보통 연봉 체계에 의해서 비슷하게 연봉을 줘야 하는데 대기업들에서 일제히 SAP ERP 경력자들의 연봉을 올려버리니 인재들을 구하기가 더 어려워졌다는 것이다. 이는 반대로, SAP ERP 경력을 쌓아두면 높은 연봉을 받고 일할 수 있다는 뜻이기도 하다.

SAP ERP를 사용하는 기업이나 SAP ERP를 운영하고 유지보수를 하는 외주 업체에 들어가 경력을 쌓으면 개발자를 꿈꾸는 사람들에게 또 다른 대안이 될 수 있다. 또한 이건 IT 비전공자들에게 기회이기도 하다. 현재 SAP ERP를 사용하는 기업 환경에 친숙한 사람이라면 SAP ERP 운영 컨설턴트로 직종을 전환할 수 있는 좋은 기회일 수 있다.

실제로 내가 다니던 회사에서도 공장 등 현업에서 일하다가 ERP 구축 프로젝트의 TF팀으로 참여해서 운영 컨설턴트로 전향한 분이 업무에서 굉장한 저력을 발휘하는 걸 보았다. 현업을 잘 알다 보니 개발만 하는 직원들보다 더 실무를 알고 더 전문적인 모듈 운영이 가능했다. 프로그램 요청을 받고 기획하고 설계하는 업무도 하고 각종 장애가 생겼을 때 헬프데스크 역할도 했는데 개발을 일일이 하지 않고도 충분히 역량을 발휘했다. 나중에는 회사를 그만두고 프리랜서로 연봉을 높여 이직을 하기도 했다. 개발자로 가는 게 부담되는 사람들에게 SAP ERP는 좋은 대안이 될 수 있다.

인내하고
또 인내한다

개발자 억대 연봉의 실체

개발자 억대 연봉과 관련된 기사가 쏟아지고 있다. 2022년 3월 23일자 〈머니S〉에 나온 기사에 따르면 카카오의 임직원 연봉이 1억 7200만 원을 기록하면서 삼성전자를 넘어서 업계 연봉 1위를 기록했다고 한다. 그만큼 개발자를 모셔오기 위한 IT 업계의 연봉 경쟁이 심화되었다는 방증일 것이다. 그러나 여기서 간과해서는 안 되는 사실이 한 가지 있다. 기업들은 절대 손해 보는 장사를 하지 않는다는 것이다. 억대 연봉을 준다는 것이 말하는 그 속내를 알아야 한다.

첫째, 정말 잘하는 개발자만이 억대 연봉을 받을 수 있다. 우리가 국비 지원 교육과정 하나 듣고 취업했을 때 억대 연봉을 받을 수 있을까? 결코 아니다. 지금 재직자라면 분명히 이전 회사보다도 더 낮은 연봉으로 시작할 확률이 높다. 최소한 경력이 5년 이상

되는 중고급 개발자거나 인공지능, 빅데이터, 클라우드 같은 구하기 힘든 개발자들만 억대 연봉을 받을 수 있다. 그런 분야의 개발자들도 경력이 뒷받침되어야 억대 연봉을 받을까 말까다.

둘째, 억대 연봉을 받는 사람은 워라밸을 기대하기 힘들다. 정말 개발에 천재적인 능력이 있지 않은 이상 기업은 '준 만큼 뽑아' 먹는다. 연봉과 워라밸을 교환해야 한다는 이야기다. 잘하는 개발자를 구하기 힘들다는 말은 잘하는 개발자들이 해야 할 일들이 많다는 뜻이기도 하다. 개발 능력이 워낙 좋아서 시키는 족족 빠르게 개발해서 할 거 하고 쉬는 사람은 정말 소수에 불과하다. 일반적인 개발자들은 야근을 밥 먹듯이 하는 경우가 많다. 즉, 시간과 노력이 결국엔 뒷받침되어야 한다는 말이다.

셋째, 개발자 선배들은 친절하지 않다. 우리는 모두 친절한 선배들을 꿈꾼다. 하나부터 열까지 세세히 알려주고 내가 성장할 수 있도록 케어해주는 친절한 선배들을 꿈꾼다. 그러나 꿈과 현실은 많이 다르다. 개발자 선배들은 보통 친절하지 않다. 나도 그게 참 불만인 사람 중 하나였다. 내가 겪은 개발자 선배들은 친절과는 거리가 멀었다. 대개는 책을 던져주고는 "공부해봐라", "이런 프로그램을 언제까지 만들어봐라" 하는 게 다였다.

결국 나 혼자 공부하고 나 혼자 소스들을 살펴봐야 했다. 내가 가장 불만이었던 건 언제까지 개발할 건지 기한을 나더러 말하라고 묻는 것이었다. 한 번도 안 해본 프로그램 언어를 배우기도 힘들어 죽겠는데 얼마나 걸리는지 내가 어떻게 알겠나? 여유 있게 기한을 얘기하면 타박을 하고 결국 감당하기도 힘든 기한까지 개발을 하도록 압박을 받기 일쑤였다. 그 기한을 밤을 새워서라도 지키라고 하는데 현업이 요청한 기한도 아닌 선배가 요청한 기한까지 개발하기 위해서 야근을 하는 일이 허다했다. 경력이 쌓이기 전까지는 새로운 프로그램 언어를 배우기 위해서 선배들의 스파르타 훈련 압박을 받곤 했다.

물론 내가 말하는 케이스가 모든 경우에 해당되지는 않는다. 체계가 잘 잡혀 있는 회사도 많이 있고 친절한 선배들도 물론 많이 있을 수 있다. 그러나 내가 말하고 싶은 건, 여러분이 개발자로 처음 일을 시작하게 되는 곳들은 그런 환경을 갖추고 있지 않은 곳일 확률이 높다는 것이다. 일이 많고 시간에 쫓기고 후배를 케어하기 쉽지 않은 환경이라 결국 각자 부딪히면서 배워야 하는 곳이 대다수다. 야근도 많이 해야 할 수 있다. 그럼에도 불구하고 시간이 지나면 여러분의 연봉은 그 어느 직업보다 빠르게 상승할 것이다. 다만 내가 가는 길이 어떤 경로로 이루어져 있는지는 예상하고 가기를 바란다.

버티고 또 버티는 '존버'가 답이다

시쳇말로 '존버'라는 말이 있다. '끝까지 버티다'라는 뜻의 속어인데 개발자는 정말 존버가 답이다. 처음이 고되다고 포기하는 개발자들이 많다. 억대 연봉을 꿈꾸고 도전했지만 욕만 먹고 야근도 많이 하고 실력이 빠르게 늘지도 않고 너무 힘드니 얼마 되지 않아 포기해버린다. 하지만 내가 확언할 수 있는 건, 고생만 하고 계속 제자리인 일들보다는 훨씬 보람된 일이라는 것이다. 시간이 지나고 연차가 쌓이면 시행착오를 거치면서 점점 나아진다. 욕먹는 횟수도 줄고 야근하는 횟수도 줄어든다. 능력을 키우고 연봉을 높여서 이직하기 수월하다.

요즘은 한 회사에 계속 다니는 것만이 답이 아니다. 처음 들어간 회사는 실력자들에게 충분한 보상을 해주지 못하는 회사일 확률이 높다. 자신의 능력을 높였으면 그 능력에 맞게 보상을 해주는 회사로 이직하자. 경력이 쌓인 개발자들을 구하기 힘들어하는 회사들이 널려 있다. 또한 자신의 분야 하나에 집중해서 실력을 키우고 이직을 하자. 실력이 어느 정도 쌓여서 중급 개발자 정도 되고 나면 프리랜서로 진출할 수도 있다. 회사에 얽매이지 않고 내가 원할 때 쉬었다가 또 일을 구해서 프로젝트에 참여하는 것도 가능하고 4대보험 등의 부가 비용으로 빠져나가지 않고 더 높은 보수를 받는 게 가능해진다. 이렇게 꾸준히 개발자로 살다 보면 연봉을 계속해서 높여가기 정말 수월해진다. 처음은 좀 고될지 몰라도 연차가 쌓였을 때 크게 보람을 느낄 수 있을 것이다.

더 나은 환경을 바란다면 외국어를 공부하라

최근 국내에서도 개발자의 인기가 많이 치솟고 있지만, 사실 개발자는 해외에서 더 구인난이 심한 직종이다. 개발자를 구하느라 여러 해외 기업들이 혈안이 되어 있다. 복지도 우리보다 좋은 경우가 많다. 야근을 하면 도리어 실력이 없다고 손가락질을 받는 문화도 우리와는 다른 조직 문화다. 업무 압박도 덜 받고 배울 수 있는 환경도 좀 더 잘 마련된 외국 회사들이 많다. 더 높은 연봉을 받고 더 널널하게 회사를 다닐 수 있다.

외국 기업으로 이직하기 위해서는 당연히 외국어를 잘해야 한다. 영어와 일본어를 잘하면 선택지를 훨씬 늘릴 수 있으며 훨씬 큰 무대에 진출할 수 있는 기회도 많이 얻을 수 있다. 외국어 능력이 필수인 이유는, 개발자에게 중요한 소양 중 하나가 소통 능력이기 때문이다. 정확히 알아듣지 못하고 해석을 잘 못해서 '뻘짓'을 하는 경우가 부지기수라면 살아남기 쉽지 않다. 다만 말하는 능력은 좀 모자라도 독해나 듣기가 탁월하다면 충분히 잘 해나갈 수 있다. 물론 이 계획은 어디까지나 외국어를 잘할 자신이 있을 때 선택하는 것이다.

외국에서 일을 하더라도 처음부터 높은 연봉을 받는 것은 아니다. 결국 처음엔 경력을 쌓기 위한 인내의 시간을 가져야 한다. 그래도 외국어라는 스펙을 하나 더 장착하면 좀 더 수월하게 개발자의 길을 걸어갈 수 있으니 외국어 공부도 나중을 위해 준비하기를 추천한다.

본인의 성장에 집중하자

친절하지 않은 선배로 인해 스트레스를 받고 야근으로 힘들 수 있지만 큰 로드맵을 가지고 본인의 성장에 집중하자. 여러분이 IT 비전공자라도 인내하면 높은 연봉을 받는 개발자로 성장할 수 있다. 앞서 말했지만 무조건 연봉만 보고 개발자가 되려고 하지 말고 개발자라는 일이 나의 적성에 맞는지 확인하는 과정도 꼭 필요하며 성장을 위한 성장통을 겪을 각오가 꼭 필요하다. 그러나 그 시간에 대한 보상은 다른 어떤 직업보다 크리라고 보장한다. 사라지고 있는 직업이 아닌 새로 생겨나는 직업으로 가는 길에 개발자로의 경력은 큰 무기가 될 것이다. 처음은 좀 고되고 힘들겠지만 그 열매는 달콤할 것이니 견뎌보자. 그렇게 장착한 무기는 어떻게든 큰 생존 능력을 키워줄 것이다.

4장

차세대
IT 리더의 조건

취업과 동시에
5년 후를 생각하라

정년 보장과 안정된 직장이라는 신화

불과 얼마 전까지만 해도 취업을 준비하는 이들의 목표는 대기업이나 공무원이 가장 많은 비율을 차지했다. 불황이나 저성장의 키워드가 연봉 높은 대기업과 정년이 보장되는 공무원의 인기를 끌어올린 것이다. 공인중개사 같은 자격증에 대한 수요도 꾸준하다. 모두 다 노후 대비에 대한 걱정을 안고 있는 상황에서 정년이 보장되지 않는 사회에 대한 대비책이라고 할 수 있을 것이다.

그런데 정말 대기업 취업이나 공무원 합격, 자격증 취득이 가장 좋은 선택일까? 2022년 현재 대기업의 공채는 과거에 비해 턱없이 줄었다. 설사 공채에 지원한다 해도 서류 통과는 하늘의 별 따기이고 대기업이 요구하는 스펙을 쌓기도 매우 버거운 게 현실이다. 공무원 시험의 경쟁률은 또 어떤가? 2022년의 경우, 국가직 9급 공무원의 평균 경쟁률은 29.2:1이었다. 공인중개사는 또 어떤가? 1차와 2차를 모두 합격하기도 힘들뿐더러, 합격한다 하더라도 매년 2만 명 이상의 합격자가 나오는, 대표적인 레드오션 분야다.

예컨대 열심히 준비해서 대기업에 입사했다고 치자. 대기업의 경우 정년까지 채우면 내 노후자금은 보장이 될까? 정년까지 채우는 것도 요즘은 쉽지 않거니와 운 좋게 정년을 채웠다 쳐도 100세 시대에 내가 살아갈 날은 지금까지 살아온 날만큼이나 남아 있을 확률이 높다. 공무원 연금만 믿고 공무원 시험에 합격했다 치자. 공무원 연금만으로 평생 살아가는 게 가능할까? 고위 공무원이 아닌 이상은 턱없이 부족하다. 아니면 공인중개사에 운 좋게 합격했다고 치자. 부동산 시장이 최근 몇 년처럼 앞으로도 이렇게 여전히 좋을까? 인구절벽의 위기라고 하는 요즘, 인구는 점점 줄어간다. 아파트는 계속 지어올리는데 공실은 늘어만 간다. 공인중개사도 밥 벌어먹기 힘든 시기가 찾아올 수 있다.

지금까지의 방식으로는 노후를 대비하기가 힘들다. 정년 보장이라는 신화는, 베이비붐 세대였던 부모 세대로 끝난 이야기다. 공무원은 경쟁률에 비해 삶의 만족도는 턱없이 낮고, 공인중개사 자격증도 수요에 비해 공급이 넘쳐나는 실정이다.

허들을 낮추고 나만의 무기를 준비하자

그렇다면 어떻게 노후를 준비해야 할까? 회사에 귀속되는 것만으로는 한계가 있다. 회사에 의존하지 않고도 스스로 경제력을 갖추는 것이 무기가 될 수 있다. 나는 회사에 재직하는 기간을 '이 능력을 갖추는 시간'으로 활용하라고 권하고 싶다. 재직하는 동안 월급을 받으면서 앞으로 경제적으로 독립할 여건을 갖출 수 있다면 그것만큼 좋은 일은 없다. 그 무기를 준비하는 건 꼭 대기업이 아니더라도, 공무원이 아니더라도 충분히 할 수 있다. '어떤' 무기를 준비할 것인가가 중요하기 때문이다.

처음 들어간 회사의 연봉이 아쉽다 하더라도, 업무가 과중하다 하더라도, 자신의 무기를 장착하기에 적합하다면 다녀보는 것이다. 물론 "대기업이 그런 무기를 준비하기에 더 좋다"라는 의견이 있을 수 있다. 그런데 대기업의 문은 극소수에게만 열려 있다. 대입에 도전하듯이 재수, 삼수, 사수 하는 식으로 대기업에 도전하는 일은 현실적으로 불가능하다. 차라리 그럴 시간에 내가 지금 들어갈 수 있는 회사에 들어가서 경력을 쌓아가는 걸 추천한다. 그러고 나서 경력직으로 대기업에 도전하는 것이 신입으로 들어가는 것보다는 훨씬 수월하다. 내가 그 대기업이 원하는 스펙의 경력을 잘 쌓아놓기만 한다면 얼마든지 도전해볼 만한 게임이다.

처음 입사한 회사의 연봉은 중요하지 않다. 내가 해온 일을 명백히 증명할 수 있고 현재 해당 기업에 마땅한 실력을 잘 갖추었다면 신입 채용 때 필요로 하던 그 어려운 절차들은 생략된다. 이미 신입으로 일한 회사에서 나의 능력은 검증이 되었고, 경력으로도 인정받았기 때문에 대기업 입사가 가능한 것이다. 그렇다고 해서 대기업을 가기 위한 경력만 준비하라는 건 아니다. 가장 중요한 건 내가 지금 회사에서 배운 일들로 나 혼자서도 돈을 벌 수 있는지 여부다. 현재 다니고 있는 회사에서 평생 돈을 벌 수 있는 능력을 키울 수만 있다면 그걸로도 회사를 다니는 기간이 헛되지 않을 것이다.

평생 돈 벌게 해주는 무기는 어떻게 키울까?

평생 돈 벌게 해주는 무기라고 하면 막막한 사람들이 있을 것이다. 사실 열심히 회사 생활을 하다 보면 그 무기는 자연스럽게 키워지게 마련이다. 지금 회사에서 업무하면서 쌓여가는 그 경력 하나하나가 누군가에게는 도움이 되기에 팔 수 있는 정보다. 내가 일한 것들을 전자책으로 만들 수 있는 것이고, 이 분야에서 일하고 싶어 하는 사람들이 있다면 강의를 통해 수익을 만들 수도 있는 것이다. 또 회사에서 일하면서 '개선을 했으면 좋겠다'라고 생각한 아이디어가 있다면 그 아이디어를 가지고 사업화를 해볼 수도 있다.

이런 것들은 회사 밖에서는 얻기 힘들다. 대학교를 졸업하자마자 사업에 뛰어드는 사람들도 있지만, 회사에 들어가서 회사에 대해 체험을 하고 나왔을 때 더 많이 배워나갈 수 있다. 특히 개발자는 평생 돈을 벌게 해주는 무기를 장착하기 더 쉽다. 본인이 갖고 있는 개발 능력으로 추후에 후배 양성을 위한 강의를 하며 수익을 창출할 수 있고, 나처럼 책을 쓰면서 커리어에 도움이 되는 정보를 주는 동시에 돈을 벌 수도 있다. 개발을 배워둘 경우 아이디어를 사업화할 때도 그걸 직접 앱이나 웹으로 구현해볼 수 있는 능력 또한 갖출 수 있기도 하고 직접 개발하지 않더라도 최소한 유지보수를 할 수 있는 능력은 갖춰놓을 수 있기 때문에 비용 또한 절감할 수 있다. 그리하기 위해서는 전문 분야에 집중하는 노력을 게을리하지 말아야 한다. 시킨 일만 하는 수동적인 태도가 아니라 본인의 무기를 키우기 위해서 본인의 사업이라 생각하고 적극적으로 개선점을 도출하고 끊임없이 고민하는 태도가 필요하다. 부족한 점이 있다면 회사가 지원해주는 교육비나 도서비도 아끼지 말고 활용해야 한다.

'스타트업'이라는 대안

난 무기를 더 잘 다듬기 위한 대안으로 스타트업을 추천한다. 대기업에 이미 다니고 있는 경우라도 스타트업으로 이직하는 게 본인의 무기를 만들기 위해서 더 좋다고 본다. 대기업은 복지가 좋고 교육 지원 또한 많이 해주기 때문에 좋은 점도 물론 있지만 이미 반열에 올랐기 때문에 사업을 처음 시작했을 때의 대처 방법을 경험하기 어렵다. 또한 조직이 커서 유연하지 않기 때문에 본인이 좋은 의견을 가지고 있더라도 바로 적용하고 체험해보기에 쉽지 않은 구조를 가지고 있다.

스타트업은 지금 막 시작하는 곳이기 때문에 시행착오를 하는 그 과정 그대로 배워볼 수 있다. 본인이 회사에 반영해보고 싶은 아이디어가 있다면 조직이 대기업보다는 유연하기 때문에 빠르게 건의하고 직접 반영해보는 것도 가능하다. 그러면서 본인이 나중에 사업을 하게 되었을 때 겪게 될 일들을 먼저 경험해볼 수 있는 것이다.

스타트업은 신생 창업기업을 뜻하는 말로, 대기업이나 중소기업에 다니다가 시작을 했을 수도 있고 학생 때 시작을 했을 수도 있지만 또 다른 대안을 걷고 있는 사람들이 만든 회사다. 그렇기 때문에 가고 있는 길을 가장 가까이서 지켜볼 수 있고 또한 내가 어떤 무기를 키워서 나올 수 있는지 가장 가까이서 볼 수 있는 곳이 스타트업이다. 특히 스타트업의 경우 개발자 구인난을 겪고 있는 곳이 많기 때문에 기본 소양을 갖추고 있는 개발자들은 어떻게든 모셔오는 추세다. 대기업만큼 연봉을 많이 주지는 않더라도 대기업보다는 충분히 취업의 기회가 열려 있다는 이야기다. 그리고 나만의 무기를 더 키울 수 있고 당장 일할 수 있는 곳이라면 마다할 이유가 없지 않은가.

물론 고생을 더 할 수는 있다. 스타트업의 경우 이제 성장을 해야 하고 업무 분장이 잘되어 있지 않은 경우가 많기 때문에 더 많은 일을 해야 할 수도 있고, 야근을 더 많이 할 수도 있다. 그러나 우리는 지금 고생하는 걸 두려워하기보다는 내가 지금 이 시기를 나만의 무기 없이 무의미하게 보내는 걸 경계해야 한다.

이직 준비는 현직에 있을 때 하는 것

이직은 직장인이라면 필연적으로 올라가야 하는 계단 같은 것이다. 이직을 지나치게 두려워하거나 귀찮아해서 한 곳에 안주하려는 이들도 많다. 하지만 이직을 하지 않으면 본인의 몸값은 쉽게 올라가지 않는다. 특히 개발자들은 다른 직무에 비해 이직 시 경력만 인정받는다면 연봉을 높여가기 참 좋다. 특히 개발자 인력난을 겪고 있는 요즘, 경력 있는 개발자는 품귀현상을 보이고 있다. 본인이 스타트업에 다니면서 실력을 조금 쌓아놨다면 연봉을 높여서 이직하는 건 그렇게 어렵지 않다.

물론 대기업으로의 이직도 충분히 고려해볼 수 있다. 본인의 경력을 잡사이트에 올려놓으면 연락을 줄 헤드헌터들이 널려 있다. 3년에서 5년 사이가 이직을 하기 좋은 시기다. 그러나 무조건 경력을 쌓았다고 이직이 되는 건 아니고 본인이 정말 잘할 수 있는 분야 하나는 꼭 만들어놔야 한다. "이 분야는 내가 잘할 수 있어요", "당신의 회사에 분명 도움이 될 거예요"라고 자신 있게 말할 수 있는 게 한 분야 정도는 있어야 그 회사에 가서도 제대로 자리 잡을 수 있다. 어설프게 알고 있는 수준에서 운 좋게 합격했다고 치자. 그런데 정작 본인의 실력이 따라주지 않으면 정말 '멘붕'에 빠지게 될 것이고, 이직한 회사에서 인정받지 못한다면 즐겁게 회사를 다니기 힘들 것이다. 이직 준비는 현직에 있을 때 하는 것이다. 본인의 경력에 맞게, 그때그때 업그레이드해가면서 이직 준비를 하여 성공적인 커리어를 쌓아가기를 바란다.

5년 후 계획이 중요한 이유

이직 준비와 더불어 한 가지 더 당부하고 싶은 것은, 절대 회사에 몸 바쳐서 일하지 않았으면 하는 것이다. 어디까지나 항상 본인이 중심이 되어야 한다. 회사는 결국 회사의 이윤이 최우선이다. 회사가 임직원의 미래를 책임져주지 않는다. '내가 회사에 몸 바쳤으니까 회사가 나한테 정년을 보장해주고 임원까지 달아주겠지' 하는 희망은 버리는 게 좋다. 회사는 어디까지나 이윤 중심으로 결정하고 돌아가는 조직이다. 직원이 회사의 발전에 방해가 된다면 언제든지 태도를 바꿀 수 있는 곳이 회사라는 조직이다. 그러므로 아무 생각 없이 '돈 벌어야 하니까 취업을 하고 회사를 다닌다'라고 생각하지 말자. 그럼 정신적으로도 굉장히 지친다.

나의 경우, 일에 치이고 사람에 치여서 지치고 힘들 때 나를 바로잡아준 것은 내가 세운 5개년 계획이었다. 그 계획에 다다르기 위해 필요한 경력을 내가 쌓을 수만 있다면, 원하는 교육을 받아갈 수만 있다면, 그걸로 내가 회사를 다니는 이유는 충분할 수 있다. 늘 5년 후를 생각하자. 5년 후에 더 레벨업을 해서 연봉이 더 높은 회사로 취직하거나 5년을 4년, 3년으로 더 앞당겨 준비할 수 있다면 과감히 회사를 그만두고 본인이 계획한 바를 실천하면 된다. 스스로 돈을 벌 수 있는 무기가 있다면 얼마든지 가능하다.

스스로 돈을 버는 것을 너무 두려워하지 말자. 누구나 회사에 의존하지 않고 돈을 벌 수 있다. 그걸 못하게 막는 건 본인 자신이다. 본인의 한계를 정해두지도 말고 주변의 말에 너무 휩쓸리지도 말자. 명심할 것은, 본인의 미래는 회사에 맡기는 게 아니라 본인이 만들어가야 한다는 점이다. 취업과 동시에 5년 후를 준비한다면 누구나 가능하다.

신입 개발자라면 이렇게 하자

신입 개발자의 딜레마

신입 개발자들이 처음 회사에 취직했을 때 가장 많이 당황하는 것은 회사의 환경과 선배들의 태도다. 물론 근무 환경이 좋고 배려심 있고 좋은 선배들을 만난, 운 좋은 신입 개발자도 간혹 있겠지만 대부분은 그렇지 않은 게 이쪽 현실이다. 나 또한 그랬다. 이처럼 개발자들의 사회생활은 시작이 참 쉽지 않다. 공통적으로 신입에게 요구하는 건 인내와 끈기 정도라고나 할까?

신입 개발자들이 입사하면 처음엔 능력이 안 되기 때문에 잡다한 업무부터 시작하기 쉽다. 특히 전산실에 들어간 직원이라면 PC 수리, 프린터 장애 접수, 헬프데스크 같은 잡다한 업무부터 시작할 확률이 높다. 그리하다 보면 '내가 이런 일이나 하려고 여기 온 것인가?' 하는 '현타(현실 자각 타임)'가 오기 시작한다. 게다가 선배들의 불친절도 여기에 한몫한다. 뭐라도 좀 제대로 알려주면 좋겠는데 교육도 안 보내주고 보통은 책 하나 던져주고 "이거 공부해봐" 하는 식이다. 나도 뭔가 개발을 해보고 싶은데 공부만 하다 보니 지치기 시작한다.

'아, 나는 대체 언제 개발 일을 시작할 수 있는 거지?', '개발 일을 할 수 있기는 한 건가?' 하는 생각마저 든다. 좀 성격이 안 좋고 잔소리가 많은 팀장이나 선배를 만난다면 실력을 수도 없이 지적받으면서 우울함까지 더해진다. "신입이면 집에 가서 공부도 하고 주말에는 학원 다니면서 공부해야 되는 거 아냐?" 하는 지적까지 듣는다면 가슴이 답답해진다. '나는 업무 시간 내에 열심히 배우고 일하고 싶은데 업무 시간 외에도 쉬지 못하는 건가?' 하며 결국 못 견디고 퇴사를 결심하는 지경에 이른다.

어떤 일이 내 적성에 맞을까?

신입에게 가장 곤란한 질문이 있다. "너는 뭘 하고 싶니?"라는 질문이 그것이다. 그러한 질문을 받으면 이런 생각이 들지도 모르겠다. '내가 그것을 어떻게 알까? 이곳에서 내가 무얼 하는지도 잘 모르고, 무얼 할 수 있는지도 잘 모르겠는데 다짜고짜 뭐하고 싶냐니. 그게 뭔지도 모르는데 어떻게 내가 하고 싶은 것을 말할 수 있겠나? 일단 해봐야 나한테 맞는지 알 수 있을 텐데.' 그러나 우리 사정은 아랑곳없이 이렇게 의사를 물어오는 선배들이 많다. 이럴 땐 어떻게 해야 할까?

이때는 너무 고민하지 말자. 일단 뭐라도 해보면 답이 나온다. 이 고민은 사실 우리가 처음 공부를 시작할 때부터 하게 될 고민이긴 하다. 그때 이미 답을 냈으면 좋겠지만 실제로 일을 해보지 않고는 알 수 없는 경우가 많다. 공부만 해본다고 해서 실제로 어떤지를 알기는 어렵다. 그래도 최소한 어떤 일을 하는지는 미리 찾아보고 그게 나랑 맞을지 미리 고민하고 분야를 선정한다면 그래도 시행착오를 조금은 줄일 수 있다.

'잡플래닛'이나 '블라인드' 같은 잡 플랫폼을 활용하면 이와 관련된 정보를 어렵지 않게 찾을 수 있다. 또 개발자 취업에 관련된 카페라든가 개발자들의 블로그, 유튜브를 통해서도 간접 체험을 해볼 수 있다. 충분히 알아보고 자신의 분야를 골라보자.

자신의 페이스대로 가면서 인내해보자

신입의 시간이 쉬운 사람은 아무도 없을 것이다. 좀처럼 실력이 늘지 않아 돈을 받고 있는 것조차 눈치 보이는 사람도 있을 것이다. 선배들이 못한다고 핀잔을 줄 수도 있고 주말에도 공부하라는 압박을 받을 수도 있다. 실력을 빨리 키우는 것도 중요하긴 한데 본인의 멘탈이 먼저 부서지면 곤란하다. 난 본인의 페이스대로 가면서 인내해보길 추천한다. 너무 선배들의 말을 곧이곧대로 듣지는 말자. 물론 핀잔을 듣는 강도가 세질 수는 있지만 신입 때 너무 잘 보이기 위해 스트레스를 받지는 말자.

간혹 신입에게 무리한 기한을 주고 업무를 해오라는 선배들이 있다. 이런 사람들은 주로 신입이 야근하는 모습을 봐야 잔소리가 줄어드는 축이다. 만약 직속 선배가 이런 경우에 속하는 사람이라면, 잔소리를 너무 두려워하지 말자. 조금 늦어도 괜찮다. 본인의 건강을 해치면서까지 기한을 맞추려고 너무 무리하지는 않았으면 한다. 조금 욕먹고 조금 늦게 마무리해도 차차 업무에 익숙해질 것이고 신입 딱지를 뗄 날은 올 것이다.

"인사고과 점수가 나빠지지 않을까요?" 하며 걱정하는 사람도 있을지 모르겠다. 너무 인사고과에 목숨걸지 않았으면 좋겠다. 본인의 목표를 인사고과에 두지 말자. 성장해서 다음 회사로 이직하기 위한 밑거름을 만들고, 본인이 스스로 돈을 벌기 위한 무기를 만들어갈 수 있는 게 중요하지 인사고과가 중요한 게 아니다. 그러니 '이 회사에 눌러앉는다'라는 생각부터 버리자. 지금 내가 성장하는 일에 초점을 맞추고 업무 시간에 집중해서 열심히 하다 보면 자연스레 성장하게 될 것이다. 따라서 일도 잘하게 되고 인정받는 건 시간문제다. 그러니 지금을 받아들이고 너무 조급해 말고 자신의 페이스대로 차곡차곡 인내하면서 쌓아가보자. 개발자는 분명 경력이 쌓이면 연봉이 수직상승하게 되어 있다. 프리랜서로 뛰어도 되고, 고객을 위한 서비스를 직접 론칭해도 된다. 갈 수 있는 길은 널려 있으니 더 나은 미래만 생각하고 조금은 인내하면서 자기 페이스대로 멘탈을 잡으면서 가자.

코딩 잡부? 기획 개발자?

신입들은 입사 초기에 뭘 해야 할지 모르니까 시키는 일에만 열심히 파고들어 몰두하기 마련이다. 그래도 가능한 한 첫 직장에서 세 개 이상의 프로젝트는 꼭 참여해보기를 추천한다. 물론 유지보수를 하는 전산실 같은 곳에서는 간단한 수정 정도만 하는 것으로 일을 시작하기 쉬울 것이다. 그래도 성장하기 위해서는 처음부터 끝까지 프로젝트를 참여해보는 경험이 중요하다.

'그럴 기회 자체를 얻을 수 없는데 어떻게 해야 하지?'라고 생각할지도 모르겠다. 나 같은 경우에는 SAP ERP 개발을 처음 배웠을 때 부서 내에서 자산 관리를 하는 프로그램을 제대로 활용하지 못해서 SAP ERP에서 PC나 소프트웨어 자산을 관리하는 프로그램을 만드는 것부터 시작했다. 현업의 요청이 아닌 부서 내에서 불편한 걸 만들어내는 미니 프로젝트였기 때문에 조금은 부담 없이 참여할 수 있었다. 자산을 등록할 수 있게 데이터 테이블을 설계하고 자산 관리 번호로 키 값을 주고 데이터를 입력하는 화면을 만들어서 쌓고 불러오고 입출고 시스템을 만들어봤다. 엑셀로 입력한 데이터를 업로드해서 대량으로 등록하는 것도 자연스럽게 배울 수 있었다. 그런 미니 프로젝트를 하고 나니 SAP ERP의 기본적인 기능은 다 배울 수 있었다. 그러나 내가 만든 프로그램은 자산 관리 시스템을 제대로 활용하게 되면서 사용하지는 않게 되었다. 그런데 이렇게 미니 프로젝트를 해본 덕분에 자산관리 시스템은 MS SQL로 구성되어 있었는데 데이터를 불러오는 건 비슷해서 자산

관리 시스템을 관리하는 업무까지도 확장하게 되었다. 그리고 이걸 활용해 나중에는 앞서 언급했던 주 52시간 제도에 따른 연장근무 결재 시스템과의 연동까지 할 수 있게 되었다.

이렇게 본인 부서에 필요한 게 있는지를 찾아내 미니 프로젝트를 자체적으로 해보는 것이 부담도 없고 첫 프로젝트로 해보기에 좋다. 본인이 찾기 힘들다면 선배들의 도움을 요청하는 것도 좋은 방법이다. 나 또한 자산 관리 프로그램을 개발해보라고 제안해준 사람은 팀장님이었다.

프로젝트 참여 실적이 있으면 나중에 경력직 지원 시 필요한 포트폴리오에 올릴 수 있는 든든한 소재가 된다. 그리고 프로젝트 일을 실제로 하면서 얻은 경험은 스스로에게 천군만마 같은 자산이 되어줄 것이다. 운 좋게 프로젝트에 참여하게 되었다면, 실제로 깊이 참여해서 업무를 진행하고 경험해보자. 그런 경험이 실무 면접 때 해당 프로젝트들에 대해서 더욱 잘 피력하고 설명할 수 있는 밑거름이 된다.

이 모든 일이 가능해지려면 무엇보다 일하는 자세를 바꿀 필요가 있다. 대부분의 신입들은 조금은 수동적인 자세로 일을 받는다. 선배가 시키니까, 팀장이 시키니까 한다. 또 시킨 일만 한다. 일을 받아서 할 때도 깊이 관여하지 않으며, 이 개발을 왜 해야 하는지조차 모르고 수동적인 코딩만 하는 경우가 많다. 이건 본인의 성장에 아무 도움이 안 된다. 개발자가 스스로 돈을 버는 단계까지 가거나 레벨을 올려 관리하는 자리까지 가기 위해서는 기획이라는 능력이 필수다. 그런데 단순히 시키는 것, 수동적인 코딩만 한다면 '코딩 잡부' 이상으로 성장할 수 없다. 요즘 인공지능의 발전 속도는 코딩 영역까지 넘보는 중이다. 따라서 '코딩 잡부'로서는 설 자리를 잃을지도 모른다. 이제 앞으로는 단순히 기술적인 코딩 능력보다 기획 능력이 훨씬 중요해질 것이다. 그것이 우리가 일하는 자세를 바꿀 필요가 있는 이유다.

'지금 이 개발을 왜 하고 있는 거지? 현업이 원하는 게 뭐지? 선배는 이렇게 코딩하라고 시켰는데 이게 최선일까? 다른 방법은 없을까?' 하며 선배한테 일을 받았더라도 현업의 담당자와 직접 연락을 하고 개발의 의도를 파악하고 직접 기획해보는 노력이 중요하다. 앞서 인사고과에 목숨걸지 말라고 했지만, 이런 노력을 하는 사람을 인정하지 않을 수 있을까? 본인이 나서서 적극적으로 일에 임하는데 이런 후배를 이뻐하지 않을 수 있을까? 이런 자세는 인사고과도 당연히 좋아지게 한다. 이렇게 함으로써 현업의 평판 또한 좋아지는 것이다. 본인의 성장을 목표로 하면 나머지는 자동으로 따라오게 되어 있다. 그러니 당장 선배한테 욕먹을 걸 걱정하기보다는 나만의 커다란 목표를 가슴에 새기고 그 성장에 도움이 되는 일들을 해보자.

교육비와 도서비 지원은 잘 활용하자

어느 회사든, 신입 사원을 위한 복지와 교육 제도가 있게 마련이다. 만일 회사에서 교육을 보내준다고 하거나 도서비를 지원해 준다고 하면 아무 생각 없이 지나치지 말고 활용하자. 다 자신에게 피가 되고 살이 되는 영양분이므로 절대 놓쳐서는 안 된다. 나 혼자 나중에 교육 듣고 책 사려고 하면 정말 많은 부담이 된다. 회사에서 돈 받고 일하면서 추가로 받을 수 있는 것들이 있다면 모조리 받도록 하자. 선배나 상사들 입장에서는 이렇게 열심히 교육받고 책을 열심히 사서 보는 후배를 미워할 수가 없다.

SAP ERP나 오라클 같은 경우는 교육비가 수백만 원에 달하는 것들도 많다. 이걸 본인의 사비로 배우려면 굉장한 부담이다. 그러므로 회사에서 교육비를 지원해준다고 할 때 놓치지 말아야 한다. 사비를 쓸 이유가 전혀 없다. 이런 큰 비용의 지출은 회사가 사업 계획을 세우는 시즌에 미리 신청해야 가능한 경우도 있으니 미리미리 알아두고 회사 예산에 반영되게 하는 것도 팁이다.

물론 선배들이 필요 없다고 판단하는 경우 취소되거나 다른 교육으로 바뀔 수도 있지만 들을 수 있는 교육은 뭐든 듣는 걸 추천한다. 어떤 사람들은 회사 지원 교육은 보고서도 제출해야 하고 이걸 또 업무에 적용하라는 부담까지 져야 해서 꺼리기도 하는데, 이는 매우 잘못된 판단이다. 회사 지원 교육을 받고 이것을 곧바로 업무에 적용할 수 있다면 본인의 성장에 큰 도움이 된다.

이렇게 장점이 많지만, 그래도 본인에게는 여전히 부담이 된다면 하지 않으면 된다. 안 한다고 해서 눈치는 받을지언정, 억지로 시키는 사람은 없다. 앞서 말했듯이 인사고과는 중요한 핵심이 아니다. 다만 본인의 성장에 도움이 되는 일인데 부담 때문에 놓쳤다면 그 손해와 기회비용은 고스란히 본인의 몫이라는 것도 인지할 필요가 있다. 교육비든 도서비든 눈치보지 말고 다 지원받는 게 남는 것임을 나중에라도 깨닫게 될 것이다.

최신 IT 트렌드에서 멀어지지 말자

개발자에게 IT 트렌드란?

개발자와 IT 트렌드는 떼려야 뗄 수 없는 관계다. 어떤 IT 기술이 새로 생겨나고 어떤 기술이 사라지고 있는지 끊임없이 관심을 가지지 않는다면 한물간 개발자가 되는 건 순식간이다. 최신 트렌드에 미리 대비하고 준비할수록 연봉은 상승한다.

언론에는 억대 연봉 개발자니, 개발자들의 몸값이 천정부지로 치솟는다느니 하는 이야기들이 몇 해 전부터 쏟아져 나오고 있다. 이미 이런 트렌드를 탐지하고 이와 관련한 스킬을 쌓아둔 사람들은 블루오션 분야에 탑승해서 주인공 자리를 차지하고 있을 것이고, 뒤늦게 준비에 뛰어든 사람들은 치열한 경쟁으로 인해 레드오션에 빠지게 될 수밖에 없다.

다행히도 지금은 개발자 인력난을 겪고 있으니 지금부터라도 준비하고 경력을 쌓는다면 뒤늦게라도 탑승할 수 있겠지만 그만큼 경쟁자는 늘어나 치열한 역량 싸움을 할 수밖에 없을 것이다. 그나마도 지금 당장 IT 역량을 취득하지 않는다면, 앞으로 몇 년 뒤 데이터사이언스학과와 인공지능학과에서 배출될 졸업생들과도 경쟁하게 될 것이므로 하루라도 빨리 IT 환경에 맞는 기술력을 확보하는 일이 필수다.

지레 겁먹고 좌절하지는 말자. IT 트렌드는 빠르게 변화하고 있으니 지금부터라도 관심을 가진다면 그다음 열차를 선점하고 탑승할 수 있다. 이건 개발자에만 국한된 건 아니다. 꼭 IT 업계에 근무를 하지 않더라도 세상의 변화를 알고 이를 읽어내지 않는다면, 어느 분야에 있든 현상 유지를 하기는 힘들 것이다.

AWS 클라우드가 대세다

인공지능, 빅데이터, 클라우드, 메타버스, NFT, 블록체인 등의 인기는 이미 여러 해 전부터 언론을 통해 나온 이야기라, 이들의 중요성과 가치는 따로 언급하지 않아도 알 것이다. 그런데 개발자라면 이들의 중요성을 아는 일에서 끝내는 게 아니라 개발자의 관점에서 자세히, 구체적으로 바라봐야 한다. 각 분야별로 어떤 IT 기술들이 사용되고 있는지, 앞으로 더욱 사용가치가 높아질 기술력은 무엇인지, 새롭게 갖추어야 할 기술 습득은 무엇인지 면밀히 살펴야 한다.

인공지능은 빅데이터의 연장선상에 있기 때문에 파이썬과 SQL

로 데이터를 분석하고, 그 데이터를 가지고 머신러닝 기술을 통해 데이터를 학습하며, 딥러닝 기술로 인간의 뇌처럼 자체적인 판단을 내릴 수 있는 수준까지 그 기술력을 끌어올리게 된다. 이를 위해서는 텐서플로(TensorFlow: 구글이 개발한 머신러닝 엔진으로 검색, 음성인식, 번역 등의 구글 앱에 사용된다)나 파이토치(PyTorch: 파이썬을 위한 오픈 소스 머신러닝 라이브러리로 자연어 처리와 같은 앱을 위해 사용된다) 같은 툴을 사용할 수 있어야 한다.

일반적으로 큰 기업들은 이런 분석을 하는 데 필요한 데이터 저장 서버를 보유하기도 하지만 최근에는 클라우드라는 가상공간에 저장을 하는 경우가 많다. 대기업들은 이런 임무를 잘 처리할 수 있고 클라우드를 효율적으로 관리할 수 있는 인력을 필요로 하게 된다. 그리고 이런 역할은 기존의 전산실 서버 관리자가 하던 일과 매우 비슷하다. 기업들은 주로 클라우드 서버 관리자를 외주사에 맡기기도 하지만 자체적으로도 이 기술을 할 줄 아는 사람들을 필요로 하고 있다. 특히 아마존에서 운영하는 AWS(Amazon Web Services) 클라우드는 전 세계 점유율 1위를 유지하고 있다. 우리가 익히 알고 있는 넷플릭스나 로블록스는 물론이고 국내에서 내로라하는 기업인 삼성, LG, 현대부터 유명 스타트업 기업인 배달의민족, 야놀자 등도 AWS 클라우드를 쓰고 있다. 따라서 AWS에서 인증하는 자격증을 준비해서 경력을 쌓으면 앞으로 각광받는 분야에 안성맞춤인 경쟁력을 갖출 수 있다.

메타버스를 위한 제반 기술은 필수다

메타버스 또한 빼놓을 수 없다. 메타버스는 그래픽 기술이 들어가기 때문에 3D 디자인 기술을 할 줄 알고 디자인에 감각이 있는 사람들이 필요하다. 그리고 이걸 실제로 구현하기 위해서 유니티(Unity: 3D 및 2D 비디오 게임의 개발 환경을 제공하는 게임 엔진으로 3D 애니메이션과 건축 시각화, 가상현실 등 인터랙티브 콘텐츠 제작을 위한 통합 제작 도구라 할 수 있다)를 많이 사용하는데 이 프로그램을 사용할 줄 알아야 한다. 그리고 기본적으로 C언어 기반으로 되어 있기 때문에 C언어 공부가 필수다.

최근 이더리움, 비트코인 등 코인 재테크 열풍이 한창인데 이 분야는 최근 연봉이 어마어마하게 올랐다. 돈이 되는 분야라고 생각해서 사람들이 몰리고 연봉 또한 급상승하고 있다. 2022년 3월 31일 〈한국경제신문〉에 실린 기사(무려 삼성전자의 3배…임직원 평균 연봉 4억 찍은 곳)에 따르면 국내 가상자산(암호화폐) 거래소 업비트의 운영사인 두나무의 임직원 평균 연봉이 3억 9294만 원으로 삼성전자의 3배에 육박한 것으로 나타났다. 하나의 플랫폼이기 때문에 AWS 클라우드 전문가, 백엔드 개발자, 프론트엔드 개발자 모두 필요하다. 자바, Node.js 같은 기술도 중요한데 여기에 기본적으로 요구하는 게 '고(Go)'라는 언어를 할 줄 아는지 여부다. 구글에서 만들어 배포한 언어인데 블록체인 인터페이스 기술인 게스(Geth)가 고 언어로 개발되어 있기 때문에 고 언어를 잘 다룰 줄 아는 개발자를 선호한다.

고 언어를 할 줄 아는 개발자도 인정받지만 이보다 더 희소성이 있는 고액 연봉 개발자는 암호화폐를 다루는 사람이다. 따라서 암호화 알고리즘 지식을 가지고 있는 인재들이 고액 연봉을 독차지한다. 이더리움 기반인 경우 솔리디티(Solidity)라는 스마트 콘트랙트(Smart Contract: 스마트 계약)를 개발하기 위한 언어를 잘 사용하는 사람들도 인정을 받는다. 스마트 콘트랙트는 좀 생소할 수 있는데 블록체인 기술의 핵심으로 금융 거래 시 필요한 서명 도장, 문서, 계약 조건 등 증빙이 될 만한, 신뢰할 수 있는 계약을 자동으로 생성하는 기술이다. 암호화 알고리즘 쪽과 함께 이 부분을 잘 다루는 인재들 또한 흔치 않기 때문에 많은 주목을 받고 있다.

나날이 진화하는 프로그램 언어

파이썬과 자바가 우리나라에서 현재 많이 쓰이고 있는 프로그램 언어지만 더 빠르고 효율적인 언어들이 속속 등장하고 있기 때문에 언제 다른 프로그램 언어로 대체될지 알 수 없다. 대표적인 언어가 코틀린(Kotlin)과 고(Go)라는 언어다. 국내 코딩교육 및 채용 전문 플랫폼, 프로그래머스가 2021년 한 해 동안 개발자 5,362명을 대상으로 실시한 설문조사 결과, 그간 '가장 배우고 싶은 프로그램 언어'에서 부동의 1·2위를 차지했던 파이썬과 자바는 사라지고 현재는 '코틀린'이 1위, '고'가 2위를 차지하였다. 이것만 보아도 그 위상의 변화를 실감할 수 있다.

코틀린은 파이썬과 자바의 단점을 보완한 개발 언어다. 자바를 100% 대체 가능하고 코드 작성의 효율이 더 높아서 향후 언제 코틀린으로 대체되어도 이상하지 않다. 파이썬이 쉬운 대신에 속도가 느린 단점이 있는데, 고는 C언어만큼 빠르지만 굉장히 쉽게 코드를 작성할 수 있어 인기가 높은 편이다. 나 또한 회사에서 오라클 DB와 MS SQL을 연동하기 위해 파이썬 언어를 사용했는데 가끔 데이터를 불러오는 속도에 문제가 생겨 에러가 나는 경우를 보는 게 부지기수였어서 파이썬을 대체할 다른 언어는 없는지 고민했던 적이 있다. 그렇기 때문에 파이썬의 속도 때문에 고민 중인 분들에게 고는 좋은 대안이 될 수 있다. 거기다 요즘은 고를 사용하는 사람이 자바를 사용하는 사람보다 더 연봉이 높다고 한다. 고는 앞서 언급했듯이 특히 블록체인 기술에 사용되고 있어 이걸 잘 다룰 줄 알면 고액 연봉자가 될 수 있다. 이렇게 나날이 프로그램 언어들이 빠른 속도로 진화하고 있으니 최신 개발 언어 트렌드를 아는 것 또한 본인을 성장시키는 데 중요하다.

어떻게 트렌드를 배울까?

이런 트렌드를 알기 위해서는 언론을 통한 접근이 가장 일차적으로 필요하다. 나는 여기에서 한 걸음 더 나아가 미래학 도서를 추천한다. 나 또한 사업 아이디어를 얻기 위해 미래학 도서를 많이 보게 되었는데 앞으로 주목받을 트렌드를 정말 잘 소개해놓았다.

UN에서 내는 미래보고서나 제이슨 셍커(Jason Schenker), 마우로 기엔(Mauro Guillen), 토머스 프레이(Thomas Frey) 같은 유명 미래학자들이 저술한 책들을 추천한다. 트렌드도 알 수 있고, 앞으로 어떤 걸 해야 돈이 될지 사업 아이디어를 얻기에도 좋다.

IT 트렌드를 알았다면 그걸 직접 체험해보기를 추천한다. 머리로만 아는 것보다는 직접 해봐야 영감을 받을 수 있고, 이걸 어떻게 활용할지도 내가 개발할 수 있겠는지도 알 수 있다. 메타버스의 경우 제페토, 로블록스, 게더타운을 직접 깔아서 해보자. 가상화폐의 경우는 투기성으로 많이 하란 소리는 아니고 소액으로 경험을 해보는 것 정도나 직접 암호화폐 채굴에 돈 들이지 않고 참여해보는 경험을 해볼 수 있다.

쉽게 체험하지 못하는 것들은 박람회로 참여해보자. 2022년 4월 20일부터 22일까지 코엑스에서 '월드IT쇼 2022'가 열렸다. 국내외 대기업뿐만 아니라 기술사업화를 한 스타트업들이 많이 나와서 최신 IT 트렌드를 반영한 플랫폼이나 상품들을 시연하고 있었다. 메타버스, 부동산을 선점하는 플랫폼, MS에서 출시 예정인 '홀로렌즈2(HoloLens2)'까지 이곳에서 만날 수 있었다. 특히 홀로렌즈2는 2002년 개봉한 영화 〈마이너리티 리포트〉에서 톰 크루즈가 자기 앞에 있는 화면을 손으로 마음대로 조정하면서 혼합현실을 보여주었던 것과 같은 안경으로, 당시만 해도 허무맹랑한 SF 상상력에 불과했던 기술이 불과 20년 만에 가능하게 되었음을 실감케 해주었다. 이런 다양한 IT 박람회에 참여하는 것이 좋은 이유는, 이렇게 눈으로 직접 보고 실제로 체험을 해봐야 앞으로 어떻게 활용할지에 대한 아이디어도 구체화할 수 있기 때문이다.

개발 언어의 트렌드를 알아보기 위해서는 개발자 유튜버들이나 개발자 블로거들을 통해 알아보는 것을 추천한다. 초보 개발자보다는 시니어 개발자(고급 개발자)가 운영하는 유튜브나 블로그를 수시로 보면, 더 나은 코드를 만들기 위해 트렌드를 누구보다 먼저 찾아보고 적용한 사례들을 찾아볼 수 있다. 코틀린 언어 같은 경우, '노마드 코더'라는 유튜버가 2년 전에 이미 이 언어의 장점에 대해서 영상을 올린 적이 있다. 이렇게 미리미리 트렌드를 알아보고 체험하는 노력을 게을리하지 않는다면 억대 연봉 반열에 오르는 것은 시간문제일 것이다. 다음 표는 직무에 따라 분야별로 배워야 할 프로그램을 정리한 것이다.

IT 트렌드별 직무와 배워야 할 프로그램

구분	직무	하는 일	배워야 할 분야
데이터 분석	데이터 엔지니어	데이터 수집과 관리(주로 개발)	R, 파이썬, 머신러닝 SQL, 데이터베이스 리눅스, 윈도 서버 등 서버 및 클라우드 운영 지식
	데이터 사이언티스트	데이터의 패턴을 찾고 현상을 통해 이를 예측. 통계학 지식이 요구됨. 석박사 출신 권장	
	데이터 분석가	데이터 시각화 비즈니스, 주요 지표 정의 및 분석, 데이터 사이언티스트와 유사한 업무	
	그 외	비즈니스 분석가, 퍼포먼스 마케터, CRM 마케터, HR 분석가, 그로스 해커 등	
인공지능	머신러닝 엔지니어	데이터를 분석해 학습하고 그 정보를 바탕으로 결정을 내리기 위해 학습한 내용을 적용하는 소프트웨어 개발	파이썬, 텐서플로, 파이토치, C++, 자바 등
	딥러닝 엔지니어	머신러닝의 하위개념. 사람이 생각한 것처럼 학습하고 자체 행동하는 소프트웨어 개발	
	그 외	데이터 사이언티스트(데이터 분석 업무의 데이터 사이언티스트와 동일)	
클라우드	클라우드 아키텍트	클라우드를 설계하는 역할, 서버를 구축하고 운영	AWS 자격증, 파이썬, 자바, 리눅스, 윈도 서버 운영 지식, 네트워크 지식
	클라우드 시스템 관리자	구축은 주로 외주에 맡기고 운영	
	그 외	네트워크 엔지니어, 클라우드 소프트웨어 엔지니어, 클라우드 컨설턴트 등	
블록체인	블록체인 개발자	블록체인 기술 개발, 설계, 코딩, 프로젝트 관리	**이더리움 계열:** Go, 자바, Node.js, 솔리디티(Solidity) **비트코인 계열:** C++ **공통:** 데이터베이스, 운영체제, 암호화 알고리즘, 보안 등
	블록체인 엔지니어	블록체인 개발자가 하는 업무와 유지보수, 테스트, 평가, 교육 등 포괄적인 업무	
	블록체인 품질 엔지니어	모바일 웹 상의 기능에 문제가 없는지 평가 및 실험 자동화 전략 구현	
	블록체인 웹디자이너	직관적인 UI 디자인 개발	
메타버스	VR/AR 콘텐츠 기획자	어떤 콘텐츠를 만들지 설계, 실제 기기를 어떤 기기를 사용해 개발할 것인지 등 기획	3D 모델링, C#, C, C++, Unity 엔진, VR 하드웨어 지식 등
	VR/AR 콘텐츠 개발자	유니티나 언리얼(Unreal) 엔진을 이용해 콘텐츠 개발	
	VR/AR 콘텐츠 디자이너	3D 그래픽 디자인을 일반적으로 하지만 최근엔 유니티까지 직접 개발하는 디자이너도 증가하는 추세	

블로그로 고객을 끌어들이는 노하우

개발자에게 블로그가 중요한 이유

'개발자 관련 이야기를 하다가 갑자기 웬 블로그?'라고 생각할지도 모르지만 나는 블로그의 중요성에 대해 말해보고자 한다. 난 개발자들이 부속품처럼 회사에 소속돼서 코딩만 하는 게 아니라 본인의 브랜딩을 통해 스스로 돈을 버는 방법을 터득했으면 한다. 개발을 좀 해본 사람들은 알겠지만 아무리 코딩이 재미있다고 해도 기한의 압박을 받고 일로 다가가게 되면 고되고 힘들어진다. 개발자들이 꾸준히 개발 능력을 키우고 코딩의 스킬을 향상시키는 노력도 좋지만 최종 로드맵은 수익을 창출하는 것이어야 한다. 본인이 만든 프로그램으로 수익을 창출하거나, 개발자라는 경험을 바탕으로 가르치거나, 본인을 브랜딩해서 스스로 수익을 창출하는 걸 최종 목표로 삼아야 한다. 그래야 회사에 소속되어서 평생 코딩 잡부처럼 일하지 않고도 노후를 준비할 수 있다.

나는 전산실에서 근무할 때도 외주 개발자들이 적은 연봉을 받고 야근을 밥 먹듯이 하며 고생하는 것을 많이 보았다. 이직을 해도 결국 코딩을 하며 고생을 하는 삶은 변하지 않는다. 보상이 조금 더 올랐다는 것이 유일한 위로일 뿐이다. 프리랜서로 연봉을 크게 올리는 사람들도 있지만 정규직으로 일할 때보다 더 큰 스트레스와 압박으로 고생하기는 마찬가지다. 다만 정규직과 달리 프로젝트를 쉬는 기간에는 푹 쉴 수 있다는 점과 정규직보다 큰돈을 벌 수 있다는 점이 장점이다. 좀 더 넓은 시야를 가지고 본인만의 경쟁력을 키워 브랜딩하기 위해 블로그는 필수다.

블로그 운영을 위한 여덟 가지 노하우

나는 최근에 네이버 블로그와 카페 마케팅에 관련된 책을 읽고 그 저자의 특강이 있다는 소식에 참여하게 되었다. 그리고 그분이 운영하는 카페와 블로그에 들어가서 '블로그 30일 챌린지'가 있다는 소식에 30일 동안 1일 1포스팅을 하는 챌린지에 도전했다. 블로그 챌린지를 시작하기 전에 오리엔테이션 강의를 진행하는데 어떻게 조회수를 늘리고 이웃을 늘리는지, 콘텐츠는 어떻게 만들어야 사람들이 많이 보는지에 대한 강의를 듣고 직접 적용해봤다. 블로그로 사람을 모으려면 검색이 잘돼야 하는데 검색이 잘되게 하는 방법을 여덟 가지로 정리해보고자 한다.

첫째, 주제는 한 가지로 통일성을 가져야 한다. 중구난방이 되면 곤란하다. 두 개 이상의 주제를 가져가고 싶다면 양쪽 다 꾸준히 올릴 수 있어야 한다. 그 분야에 최적화되어 있어야 검색 노출 우선순위를 가져갈 수 있다.

둘째, 사진을 최대한 많이 넣되 본인만 올릴 수 있는 사진을 넣자. 네이버는 사진을 좋아한다. 사진이 많이 들어갈수록 노출될 확률이 높다. 대신 남들이 비슷하게 올릴 수 있는 이미지는 피하자. 영화의 장면이나 책에 있는 내용을 캡처하지 말고 무조건 사진을 찍어서 올리자. 중복된 이미지가 들어가면 저품질 블로그로 찍혀서 어느새 노출되지 않을 수가 있다. '미리캔버스(저작권 걱정 없이 쓸 수 있는 무료 디자인 툴)' 사진도 되도록 피하되 어쩔 수 없다면 최대한 수정을 많이 해서 올리자.

셋째, 링크를 반복해서 넣지 말자. 링크를 반복해서 넣는 건 저품질 블로그로 가는 지름길이다. 특히 신문기사 링크는 피하도록 하자. 신문사의 소송을 받을 위험이 다분하다. 유튜브 영상 링크보다는 글 편집기에서 직접 동영상을 올리는 게 더 높은 점수를 받는다. 네이버도 그들의 플랫폼을 키워주는 블로그를 더 좋아할 수밖에 없다.

넷째, 키워드 마스터 사이트(웨어이즈포스트)를 활용해 올릴 거리를 찾자. 키워드 마스터 사이트에서 키워드 지수를 점검해 내가 올릴 거리를 찾도록 하자. 본인의 머릿속에서 올릴 거리를 만드는 게 아니라 키워드 마스터 사이트에서 키워드 지수가 좋은 걸로 올려야 사람들이 많이 검색하고 노출이 잘돼서 유입이 잘된다. 예를 들어 총 조회 수가 1만 건이고 문서 수가 2만 건이면 비율은 2.0이 된다. 검색 수 대비 문서 수가 많기 때문에 좋지 않은 키워드다. 반대로 조회 수가 1만 건인데 문서 수가 5천 건이면 비율은 0.5가 된다. 검색 수 대비 문서 수가 적기 때문에 노출될 확률이 높다. 대신 조회 수가 10만 건인데 문서 수가 5만 건이면 비율이 0.5여도 노출되기 힘들다. 5만 건의 문서를 제치고 올라와야 하는데 쉽지 않다.

추천하는 키워드 기준은, 비율은 0.7 미만, 문서 수는 1만 건 미만을 추천한다. 내가 올리고자 하는 키워드를 검색하면 관련 키워드가 자동으로 추천되니 하나하나 클릭해보면서 지수를 비교해보자. 지수가 좋은 키워드를 찾았으면 제목 앞부분과 포스팅 내용 중에 해당 키워드를 자주 언급하자. 태그에 넣는 것도 좋겠지만 제목과 내용에 언급되는 게 더 노출될 확률이 높다. 본인의 콘텐츠들이 키워드 지수가 안 좋다면 일상 글을 통해 노출시키는 것도 방법이다. 나 같은 경우에는 IT 쪽 키워드가 지수가 안 좋아서 박람회들을 참여한 포스팅으로 좋은 키워드를 잡아서 올렸더니 한 달이 채 되지 않았는데도 하루 방문자 수가 100명이 넘었다.

다섯째, 본인이 가지고 있는 콘텐츠가 많이 없다면 미봉책으로 여기저기서 조사한 자료를 짜깁기하는 방법도 있다.

여섯째, 본인의 입장에서 전달하고 싶은 내용이 아니라 읽는 사람의 입장에서 궁금해할 만한 내용을 친절하고 자세하게 포스팅하자. 이런 것들은 지식인이나 관련 카페 커뮤니티, 관련 유명 유튜버 댓글 등을 통해 찾을 수 있다.

일곱째, 본인이 올리는 콘텐츠와 비슷한 블로그를 벤치마킹하는 게 가장 좋은 방법이다.

여덟째, 본인이 올리는 콘텐츠와 결이 비슷한 블로그에 가면 이웃들 리스트를 볼 수 있는데 그 이웃들에게 이웃을 신청하는 것도 내 글을 볼 수 있게 하는 좋은 방법이다. 이렇게 총 여덟 가지 팁만 알아도 꽤 도움이 될 것이다.

블로그 챌린지를 활용하자

우리나라에는 블로그를 잘 키운 사람들이 생각보다 많고 그분들이 운영하는 블로그 챌린지도 많이 있다. 단돈 몇만 원이면 참여할 수 있는 블로그 챌린지가 많다. 강제로 다 같이 참여하고 같이 참여하는 사람들끼리 서로 이웃도 하고 공감도 눌러주기에 처음 키우는 사람들에게는 꽤 큰 도움이 된다. 멘토를 해주는 분이 피드백도 잘해주니 처음 블로그를 키울 때는 블로그 챌린지를 적극 활용해보자.

이렇게 이웃들을 늘리고 방문자 수를 늘리면 본인의 글에 대한 반응이 나온다. 그중에 반응이 좋은 글들이 생길 것이다. 그런 글들이 내가 팔 수 있는 콘텐츠가 된다. 그리고 하나하나 글을 써보면서 본인이 잘할 수 있는 분야, 본인이 도움 줄 수 있는 것들이 뭔지를 찾아볼 수 있다. 본인이 어떤 분야에서 일을 했든 아직 그 분야의 뛰어난 전문가가 아니더라도 그 경력마저도 해보지 않은 사람들에겐 알려줄 수 있는 부분이 있으며 팔 수 있는 게 있다. 블로그에 콘텐츠를 올리면서 반응을 살피고 이것저것 시도해보자. 자기 브랜딩을 하는 데 블로그만큼 적절한 수단이 없다. 꾸준히 포스팅을 하면서 본인만의 콘텐츠가 쌓이면 그게 나중에 본인을 먹여 살릴 파이프라인이 될 것이다.

IT 리더라면?
유튜브 채널!

개발자들은 왜 유튜브를 할까?

개발자 취업에 관심 있는 분들이라면 개발자 유튜브를 본 적이 분명 있을 것이다. 그중에는 현직에서 일을 하고 있는 분들이 많다. 현직에서 일하면서 유튜브를 병행하는 게 쉽지 않음에도 시간을 쪼개서 유튜브를 올리고 있는 것이다. 그 이유는 무엇일까? 물론 유튜브가 일정 구독자 수와 시청 시간이 쌓이면 수익화를 할 수 있기 때문에 부업으로 하는 경우도 있지만 이 유튜브를 또 다른 노후 준비를 위한 파이프라인으로 삼는 이들도 많다.

요즘 내가 즐겨보는 '코딩 알려주는 누나'라는 유튜버는 본인의 클래스를 개설해서 홍보하는 것도 유튜브 채널을 이용한다. 유튜브를 통해서 자기 브랜딩에 성공한 케이스이며 구독자도 4만 명이 넘는다. 코딩을 하는 사람들은 고리타분하고 지루할 거라는 고정관념을 깨고 직설적인 말투를 사용하며 뛰어난 춤 실력을 쇼츠로 뽐내는 등 유튜브를 통해 다양한 매력 발산을 하고 있다. 베트남 쪽 해외 취업에 성공해서 개발자 일을 하다가 부트캠프 강사를 하며 경력을 쌓아가고 있으며, 최근에는 본인의 프론트엔드 개발자 코스를 개설해 부가 수익을 창출하고 있다. 개발자들도 브랜딩을 통해 부업을 만들 수 있으며, 이 수익이 근로소득을 초월하는 순간 코딩을 하지 않아도 노후를 준비하는 데 문제가 없어지는 것이다.

어떻게 유튜브를 키워나갈까?

2022년 5월 현재, 나는 '블로그 30일 챌린지'를 하면서 '유튜브 네 달 챌린지'에도 참여하고 있다. 유튜브 강의로 유명한 '신사임당'과 '노마드크리스TV'의 컨설팅을 다 받아본 2만 명의 유튜버가 진행하는 챌린지다. 이 챌린지를 하면서 배운 팁이 있어 공유할까 한다.

첫째, 유튜브도 주제 통일이 수익화 조건 달성에 중요한 역할을 한다. 유튜브를 한다면 주제를 통일해야 한다. 잡다한 것들을 다 하는 것보다는 전문 분야를 택해 콘텐츠를 쌓아야 그 분야의 전문 유튜버로 인정받는다. 기존 구독자가 계속해서 자신의 영상을 보고 있는지가 알고리즘 점수를 매기는 데 굉장히 큰 부분을 차지한다. 따라서 개발자를 위한 영상을 올리다가 갑자기 개발자랑 관련 없는 책 리뷰를 올리면 기존 구독자들은 흥미를 잃게 되어 알고리즘 점수가 떨어질 수밖에 없다. 본인이 올리는 주제에 관심이 없는 지인들로 구독자를 늘리는 것도 그런 이유에서 알고리즘 점수에 악영향을 끼칠 수 있으니 지인이 관심 있어 하는 주제가 아니면 구독 요청을 안 하는 게 낫다.

둘째, 음악 저작권에 주의하자. 음향이 중요하기에 음악을 배경으로 까는 경우가 있는데 만약 저작권에 걸리면 수익화를 위해서는 그 영상을 비공개로 처리해야 한다. 업로드할 때 이미 유튜브 자체 업로드 필터링에서 걸려서 나오니 바로 알 수 있다. 만약 실수로 음악을 올렸을 경우엔 유튜브 자체에서 그 부분만 음소거로 처리하거나 음원을 바꾸는 기능이 있으니 이를 활용하자. 유튜브 내에서 제공하는, 저작권 문제가 없는 무료 음원을 활용할 수도 있다. 또는 한국음악저작권협회를 통해 제공받을 수도 있다. 소송이 걸려올 수도 있는 민감한 문제인 만큼, 음악 저작권은 걸리지 않도록 철저히 조심해야 한다.

셋째, 책 저작권도 조심하도록 하자. 유튜브는 저작권을 조심하지 않으면 배보다 배꼽이 더 커질 수 있다. 유튜브를 통해 수익화를 꾀하려다 큰코다치는 수가 있는 것이다. 책 리뷰를 하고자 한다면 책을 펼쳐서 그대로 읽는 건 자제하자. 웬만하면 책 표지만 보여주면서 내용을 설명하는 리뷰가 안전하다. 꼭 읽어서 홍보하고 싶다면 출판사의 허락을 받도록 하자.

넷째, 꾸준함이 중요하다. 본인이 꾸준히 연재식으로 올릴 수 있는 콘텐츠가 제일 좋다.

다섯째, 제목과 썸네일에 신경쓰자. 궁금증을 유발하는 제목과 통일된 디자인의 썸네일이 조회 수를 늘리는 포인트다. 본인이 하고자 하는 것과 비슷한 콘셉트의 유튜버를 벤치마킹해보자. 특히 주의해야 할 점은 유튜브는 블로그와 다르게 키워드를 넣어서 타깃을 좁히면 안 된다는 것이다. 알고리즘의 축복을 받기 위해서는 설령 특정 타깃을 위한 영상이라 할지라도 모든 사람이 관심 있을 만한 제목과 썸네일을 해놓아야 한다. 그래야 알고리즘에 의해 더 많이 노출되어 조회 수가 늘어난다. 예를 들어 '개발자로 억대 연봉 버는 법'이라는 주제라고 하면 '어렵지 않게 억대 연봉 벌기' 등으로 제목과 썸네일을 만들어서 누구나 궁금해 하고 누구나 관심 있게 제목과 썸네일을 만드는 것이다. 이것만 잘해도 영상 노출량이 늘어나서 구독자 수를 빠르게 늘릴 수 있다.

여섯째, 두 개의 채널을 운영해서 본인을 알리기 좋은 콘텐츠를 키워서 유입시키는 것도 방법이다. IT 같은 경우 구독자 수를 확 늘리기가 쉽지 않기 때문에 본인이 더 관심을 끌 수 있는 콘텐츠로 채널을 하나 키워서 정말 하고자 하는 채널로 유입시키는 것도 방법이다.

일곱째, 얼굴 노출이 부담된다면 얼굴은 가리고 목소리로만 채널을 운영한다. 단, 얼굴을 노출할 경우 브랜딩하기 더 좋은 장점은 있다. 얼굴을 계속 보게 되면 신뢰가 높아지고 연예인처럼 보이는 효과가 있어서 브랜딩을 하기에 훨씬 수월하다. 그러나 필수는 아니니 본인의 프라이버시를 지키고 싶은 사람은 목소리로만 해도 충분하다. 단, 똑같은 영상이나 정적인 화면을 까는 것은 보는 사람도 지루하고 알고리즘 점수도 낮게 받을 확률이 높으니 항상 다른, 동적인 영상을 깔아주도록 하자.

유튜브 브랜딩은 이제 선택이 아닌 필수

유튜브 브랜딩은 부업이 아니라 노후 준비를 위한 파이프라인이 되어야 한다. 강의를 듣는 것도 방법이고, 나처럼 이미 경험해 본 유튜버들이 진행하는 챌린지에 도전해 다 같이 배우는 것도 좋은 방법이다. 본인이 가지고 있는 콘텐츠를 알리기 위해 뭐든 해볼 수 있다.

유튜브를 통해 블로그와 네이버 카페로의 확장을 하고 얼마든지 본인의 수익 파이프라인을 늘려볼 수 있다. 코딩만 할 줄 안다고 해서 미리 한계를 두지 말자. 본인이 가지고 있는 것을 활용해 돈을 벌 수 있는 방법은 얼마든지 많이 있다. 그 무기 중에 하나로 코딩을 사용하면 되는 것이다. 그걸 키우기 위해 유튜브, 블로그와 같은 걸 장착한다면 회사에 의존하지 않고도 스스로 돈을 버는 능력을 키울 수 있으며, 코딩 잡부로 일하지 않고 스스로 독립할 수 있는 방법을 찾아낼 수 있다. 그 때문에 개발자에게 유튜브 브랜딩은 이제 선택이 아닌 필수다. 정보를 필요로 하는 사람들에게 나만의 정보를 공유하고 수익을 창출하도록 하자.

협상하고 스킬업하며 로드맵을 짜라

이직은 연봉 상승을 꾀할 수 있는 기회!

직장인에게 가장 중요한 협상은 아마도 '연봉 협상'일 것이다. 연봉이야말로 자기 능력에 대한 바로미터이자 직장을 다니는 데 동기부여가 되는 핵심 요인이기 때문이다. 직장인 관련 커뮤니티에는 연봉 협상 잘하는 법부터 연봉 협상이 결렬되었을 때의 대처 요령까지 연봉 협상을 둘러싼 다양한 경험과 일화가 넘쳐난다. 이는 모든 직장인의 고민이 연봉으로 수렴한다는 사실을 방증하는 일일 것이다.

아직 연봉 협상을 안 해본 사람이라면 연봉 협상은 너무 번거로운 일이 아닐 수 없다. 보통은 한 회사에 오래 다닐 경우 인사고과에 의해 자연스럽게 연봉이 올라갈 테지만 연봉의 상승 속도는 그다지 크지 않을 가능성이 높다. 한 회사에 정해진 연봉 테이블이 드라마틱한 연봉 상승을 가능하게 할 정도로 폭넓게 형성되어 있지 않기 때문이다. 따라서 근속연수가 길수록 연봉의 상승 속도는 느려지고, 때로는 정체되기 마련이다. 이직이 필요한 또 다른 이유가 여기에 있다. 이직을 통해서만이 연봉의 가파른 업그레이드가 가능하기 때문이다.

물론 재직 중에 써먹을 수 있는 스킬을 충분히 배워서 독립한다면 연봉 협상 기술 같은 건 필요 없을지도 모른다. 내가 협상하기도 전에 많은 회사에서 나를 데려가려고 저마다 좋은 조건을 제시할 테니까 말이다. 그러나 그 정도에 아직 이르지 못했다면 이직을 적극 활용하는 게 좋다. 또 나중에 독립을 준비하는 입장이라 하더라도, 한 회사만 경험하는 것보다는 두 개 이상의 회사를 경험하면서 업무의 스펙트럼을 넓히고 능력을 키우는 것이 독립을 위한 든든한 초석이 될 수 있다.

스스로 구직할 여력이 없는 경우에는 헤드헌터들의 도움을 받아도 좋다. 그러나 이 경우에도 연봉 협상의 기술은 필요하다. 협상을 어떻게 하느냐에 따라 같은 역량, 같은 조건이라도 연봉에서 차이를 벌리는 경우를 나는 여러 번 보았다.

피가 되고 살이 되는, 연봉 협상 노하우 두 가지

그럼 협상을 위해서는 어떤 노하우가 필요할까? 나는 딱 두 가지만 기억하라고 강조하고 싶다.

첫째, 절대 튕기지 말고 그 회사에 가고 싶다는 의지를 충분히 전달하자. “이 연봉 받고는 절대 일 안 합니다”라는 말이나 “다른 데서도 제안을 많이 받았습니다”라는 말은 금물이다. 이런 식의 반응을 좋아하는 회사는 어디에도 없다. 이력서를 제출한 회사에 가고 싶다는 의지를 강력히 전달하는 것이 자칫 저자세로 보인다고 해서 이를 꺼리는 이들도 가끔 있다. 하지만 본인의 역량만 충분히 전달할 수 있다면 그 회사에서 일하고 싶다는 의지를 전달하는 건 플러스 요인으로 작용하면 했지 마이너스 요인이 되지는 않는다. 역량도 갖춘 데다가 자사를 위해 반드시 일하고 싶어 하는, 열정 넘치는 지원자를 마다할 회사는 없다. 게다가 면접의 태도까지 좋았다면 누구라도 같이 일하고 싶어 할 것이다.

둘째, 본인의 역량을 최대한 어필하도록 하자. 앞서 말한 의지를 전달하는 것과 본인의 역량을 어필하는 것이 잘 어우러져야 한다. “이 회사에서 꼭 일하고 싶습니다. 저에게는 이 일을 할 충분한 역량이 있고 제 직무에서만큼은 잘할 자신이 있습니다. 이전 회사에서의 성공이 이를 보증합니다. 그러니 연봉을 00%만 올려주시기를 요청드립니다. 이전 회사의 연봉에 비할 때 무리한 상승은 아니라고 생각합니다. 이 회사의 비전을 보고 지원했고 또 회사의 성장을 함께 이끌고 싶은 바람이 큽니다. 그러니 함께 일할 기회를 주십시오.” 이런 어필은, 겸손하지만 자신의 장점과 자신이 연봉을 올려 받아야 할 근거를 정확하게 피력하는 것이라 협상 테이블에서 유리한 지점을 차지할 수 있게 해준다.

연봉의 베이스라인은 있으나 정답은 없다

연봉의 베이스라인, 즉 연봉 협상 시 기준이 되는 하한선이 있을까? 사실 이건 '케이스 바이 케이스'라 명확한 수치를 말하기는 힘들지만 통상적으로 전 회사 연봉의 7%에서 10% 인상이 일반적이다. 물론 품귀 현상을 빚는, 구하기 힘든 개발자들 같은 경우에는 두 배 이상의 연봉을 회사 측에서 제안해서 흡수하는 경우도 있기는 하지만 그건 정말 구하기 힘든 직무를 한 경력이 있을 때의 이야기고 일반적인 경우에는 이 정도 선이 보편적이다.

통상적인 수치를 말하긴 했지만, 정말이지 경우에 따라 천차만별이다. 5~6%로 동결하는 경우도 있고 15% 정도는 무난히 받아들이는 경우도 있다. 그러나 한 가지 말하고 싶은 바는 일부러 저자세를 취하면서 연봉을 낮춰 부를 필요는 없다는 것이다. 이전 회사에서 충분히 역량을 쌓았을 경우 본인의 역량을 충분히 어필하고 15% 정도 인상을 요구하자. 그러고 나서 자신이 제안한 금액에서 7~8% 정도를 깎아 협상하는 게 일반적이긴 하다. 그래도 앞서 말했듯이 그 회사에서 꼭 일하고 싶다는 의사를 잘 어필했다면 15% 정도는 무난히 받아들이는 경우도 꽤 있다.

전 회사의 연봉이 많이 낮았다고 할 경우 좀 더 높게 부를 수도 있지만 본인의 전문성을 드러내서 납득시킬 이유와 근거를 잘 내세우는 일이 중요하다. "이 정도 받고 일했으니까 ○○% 인상을 제안했다"라는 식의 말은 절대 하지 말자. 그 연봉을 납득할 수 있도록 역량을 어필해야지 당연히 주어야 한다고 주장하는 것은 마이너스 요인밖에 되지 않는다.

그러나 꼭 피해야 할 회사도 있다. 애초에 본인이 생각한 금액에 비해 턱없이 낮은 금액을 제시하는 곳은 업체 자체 능력이 부족하거나 개발자를 그 정도로밖에 대우하지 않을 확률이 높으므로 그런 회사라면 과감히 잘라내고 다른 곳을 알아보자.

연봉 업그레이드를 위한 스킬업

나는 앞서 개발자로서 경력을 스킬업하기 위해서는 자신의 전문 분야를 확보해야 한다고 말했다. 연봉에서도 이 원칙은 적용된다. 연봉 업그레이드를 위해서는 본인의 전문 분야를 꼭 가지고 가야 한다. 이것도 할 줄 알고, 저것도 할 줄 안다는 식의 '문어발식 어필'보다는 특정 분야에서 프로젝트를 수행해왔다든지, 특정 프로젝트에서 일정 부문을 맡아 팀워크를 다졌다든지 하는 식의 구체적인 역량을 기술하는 일이 더 효과적이다. 현업과 커뮤니케이션을 어떻게 진행했고, 프로젝트팀의 업무 수행 결과는 어땠는지를 어필한다면 연봉 협상 테이블에서 우위를 선점할 수 있다.

이처럼 유리한 연봉 협상을 위해서는 객관적인 포트폴리오를 쌓는 게 중요하다. 그렇기 때문에 첫 회사를 고를 때도 연봉이 낮아도 스킬업을 하는 데 좋은 회사를 고르라고 계속해서 강조하는 것이다. 주요 기업의 모집 공고를 보면 "○○년 이상의 경력을 가진 개발자들을 구함"이라는 공고가 많다. 기업의 구인공고를 빠짐

없이 스크린하면서 본인의 업무와 비전에 맞는 회사에는 반드시 지원하자. 역으로 헤드헌터나 해당 회사로부터 역제안을 받는 방법도 있다. 이때는 본인을 더 적극적으로 어필할 수 있는 포트폴리오를 쌓을 수 있게 스킬업을 스스로 해나가야 한다. 스킬업하는 방법은 다른 데 있지 않다. 끊임없이 개발 트렌드를 알아보고 더 좋은 품질의 코드를 작성하기 위해 시간과 품을 들이면서 노력하는 일, 그것이 전부다.

개발자의 로드맵

개발자 로드맵의 최종 목표는 대기업에 취직해서 임원이 되는 게 아니다. 회사에 의존하지 않고 혼자 돈을 벌 수 있도록 역량을 키워나가는 것이다. 만약에 내가 코딩 강사를 한다고 가정해보자. 그럼 최소한 내가 그 프로그램 언어는 가르칠 수 있을 정도로 잘할 수 있어야 한다. 또는 내가 커리어 컨설팅을 한다고 가정해보자. 그럴 경우엔 나 스스로 연봉을 높여 이직한 경력이 있어야 한다. 창업을 하는 것도 좋다. 특히 누구에게도 의존하지 않고 무자본으로 돈을 벌 수 있는 능력이 있는 경우라면 창업에 도전하라고 권하고 싶다. 하지만 이런 역량을 미리 갖춰놓지 않는다면 창업은 매우 힘든 일일 수 있다. 본인의 역량만으로도 돈을 벌 수 있다면 혹시 사업이 잘되지 않는다 하더라도 혼자만의 일이므로 크게 흔들리지 않는다.

혼자서 돈을 벌 수 있으면 어떤 상황에서도 흔들리지 않는다. 창업을 하는 것이 경제적 자유를 이루기 위한 더 빠른 길이지만 리스크가 존재하지 않는 사업은 없기 때문에 날 보호해줄 것이 필요하다. 그게 내가 스스로 돈을 벌 수 있는 역량을 키워두는 것이다. 나도 전산실에서 8년간 일해본 경력 하나로 이렇게 책을 쓰고 도움을 주고자 하고 있지만 아직도 부족함을 느껴서 좀 더 역량을 키우기 위해 노력 중이다. 이런 시행착오를 하지 않게끔 회사를 다니는 동안 충분히 역량을 키우고 준비해서 나오기를 바란다.

21세기에도 유효한 모험심과 도전 정신

살면서 얼마나 벌 수 있을까?

'내가 살면서 얼마나 벌 수 있을까?'라는 생각을 해본 적이 있는지 모르겠다. 2022년 현재 연봉 5천만 원 정도 받는 직장인이라면 몇 년 지나 진급 시에는 7천만 원에서 8천만 원 정도 받을 것이다. 안 짤리고 정년까지 다닌다면 얼마나 모을 수 있을까? 20대 중반부터 경제활동을 해왔다고 가정한다면 30년 정도 생활비 제외하고 1년에 평균 5천만 원 정도 모았다고 했을 때 15억 원 정도 모을 수 있을 것이다.

이 돈으로 평생 문제 없이 살 수 있을까? 5억 원 정도는 집을 사는 데 썼다고 한다면 10억 원 정도 남는데 외벌이로 아이까지 키워야 한다면 그리 풍족한 돈은 아닐 것이다. 게다가 100세 시대에 앞으로 50년은 더 살아야 하는데 아끼고 아껴서 1년에 2천만 원 정도만 쓴다 치면 가능할까?

그런데 만약 가족 중에 누가 큰 병에 걸려서 치료하는 데 어마어마한 돈이 들어간다면 어찌 될까? 물론 그걸 대비하기 위해 보험을 들었을 수도 있지만 보험으로 지원이 되지 않는 병이라면 어떻게 할 것인가? '그래도 15억 원 정도 모은다면 어찌어찌 살 수 있을 것 같다'라는 생각을 하는 사람이 있을 수도 있는데, 사실 이건 일반적인 케이스는 아니고 직장인으로 정말 돈을 잘 버는 경우에 해당된다.

일반적으로는 3천만 원대 연봉을 받고 그 돈을 쪼개고 쪼개서 1년에 천만 원 정도 모으면 잘 모으는 경우이며, 대리·과장급이 돼서 5천만 원 이상의 연봉을 받고 1년에 2천만 원 정도 모으면 잘 모으는 것이다. 물론 재테크를 잘해서 그 돈을 불리는 방법도 있겠지만 그건 돈이 어느 정도 확보된 이후에 제대로 해볼 수 있다. 그렇다면 1년에 2천만 원 저축해서 30년 일하는 건 가능할까? 요즘은 정년까지 다니기도 쉽지 않지만 만약 가능하다고 쳐도 30년 일해서 6억 원 정도 벌 수 있을 것 같다. 아마 그 돈 중에 절반 이상은 부동산에 들어갔을 확률이 높고 3억 원 정도로 평생을 살아가야 한다.

우리는 정말 그것밖에 벌 수 없는 사람인 걸까? 누구는 월에 몇 억 원을 벌고 한다는데 그건 정말 능력자들만 가능한 걸까? 아니다. 정말 누구나 그렇게 될 수 있다. 그런데 여러분은 은연중에 '나는 이 정도밖에 못 벌거야'라고 단정 짓고 있지는 않은지 돌아볼 필요가 있다. 이제는 생각을 바꿔보자.

'내가 벌 수 있는 돈에는 한계가 없어'라고 말이다. '나에겐 충분히 그런 능력이 있어'라고 말이다. 그러고 나서 실제로 그렇게 되기 위한 로드맵을 세우고 실천하고 걸어간다면 누구나 그렇게 될 수 있다.

밑져야 본전!

내 말이 믿기지 않아도 좋다. 그래도 밑져야 본전 아닌가. 회사에 맘에 안 드는 부분이 있어서 힘들다면, 월요일마다 피곤해서 죽을 지경이라면, 나의 목표 지점이 달라지는 것만으로도 스트레스를 해결할 수 있다. 대기업에 취직해서 임원이 되는 것도, 대기업에 정년까지 다니는 것도 어느 것도 쉬운 일은 없다. 재테크를 한다고 주식과 코인에 돈을 넣었는데 우크라이나 전쟁 같은 게 터져서 폭락한다. 부동산 가격 올라가길 바라면서 청약을 넣었는데 대출에 허덕이면서 집값 올라가기만 오매불망 바라보는 그 삶은 행복할까? 주식과 부동산은, 내 얼마 없는 자산을 영혼까지 끌어모아 뻥튀기를 바라고 투자하는 게 아니라 충분히 자산이 모였을 때 없어도 문제가 없는 여유 자산을 가지고 굴리는 것이다.

어쩔 수 없다고 포기하지 말고 지금부터라도 생각을 전환해보자. 내가 지금 일하고 있는 건 회사를 위해 하는 것이 아니라, 내 생활비를 벌기 위함이 아니라, 회사에서 나와서 혼자 돈을 벌기 위한 경험을 쌓는 것이라고 생각하자. 그 생각의 전환만으로도 회사를 다닐 이유가 생길 것이고, 그 목표를 위한 시선의 전환이 여러분을 정말 그렇게 만들어줄 것이다.

모든 순간을 행복으로 채우자

"지금 여러분은 매 순간 행복한가요?"라는 질문을 받는다면 어떤 대답을 하게 될까? 분명 스트레스가 있을 것이다. 그 원인 중 대다수는 회사에서 나올 것이다. 그건 어쩌면 회사를 다니는 동안 피할 수 없는 것일지도 모른다. 휴가를 다녀와서 리프레시하고 와도 회사에 돌아오면 똑같은 스트레스를 받고 있을지도 모른다. 근본적인 원인이 해결되지 않았기 때문이다.

직장인들은 월요일이 너무 싫다. 나 또한 그랬다. 일요일 밤엔 일부러 늦게 잠들었다. 일요일을 좀 더 즐기고 싶어서 일찍 잠들기가 싫었다. 그럼 월요일은 더더욱 피곤했다. 그래서 연차를 월요일에 쓰면 조금 나았지만 그 기회는 한 달에 한 번밖에 주어지지 않았다. 맨날 마주쳐야 하는 직장 동료 때문에 스트레스를 받는다면 그 직장 동료가 나가거나 다른 부서로 발령 나지 않는 한 똑같은 스트레스를 받는다. 집에 와서 그 스트레스를 잊으려고 드라마를 보고 게임을 해도 근본 원인이 해결되지 않아 결국 또 같은 스트레스를 받고 있다. 근본 원인을 해결하지 않으면 스트레스는 해결되지 않는다.

'그건 어쩔 수 없어'라고 생각하지 말자. 여러분은 충분히 그 굴레에서 벗어나서 혼자 돈을 벌 수 있는 능력을 가지고 있다. 다만 그 한계를 여러분이 만들어놓고 포기하고 있기 때문에 스트레스를 계속 받고 있는 것이다. 이젠 여러분의 모든 순간을 행복으로 채워보기로 생각을 바꿔보는 건 어떨까?

그저 실행한 사람에게 오는 보상

모험심과 도전 정신은 21세기에도 통한다. 도전하지 않으면 그 자리에 머물러 있을 수밖에 없다. 부자가 된 사람들은 뭔가 특별한 사람들이 아니다. 그저 알고 있는 걸 실행했을 뿐이다. 목표만 세우는 것만으로는 부족하다. 목표에서 끝내지 말자. 무엇 때문에 안 된다든지, 무엇 때문에 할 수 없다든지 하는 자기합리화는 하지 말고 그저 실행해보자.

내가 잃어버릴 건 없다. 내가 가야 할 길을 정하고 그 목표에 도달하기 위해 실천할 것만 정하고 그대로 매일 실행하면 된다. 그럼 그 목표에 도달할 수 있다. 대기업에 취직하기만 하면, 공무원에 합격하기만 하면, 노후가 보장되는 시대는 지났다. 내 노후 준비는 스스로, 자력으로 준비해야 한다. 회사는 내 편이 아니다. 날 보호해줄 건 오로지 나밖에 없다. 현실에 안주하지 말고, 내 한계를 묶어두지 말고, 모험심과 도전 정신을 가지고, 내 능력을 이 세상에 펼치며 경제적 자유를 이루도록 하자.

경제적 자유란 특별한 사람만 누리는 특권이 아니다. 알고 있는 걸 그저 실행한 사람에게 오는 보상 같은 것이다. 그 실행을 두려워하지 말고 이번 기회에 제대로 된 로드맵을 세우고 본인의 역량을 잘 쌓아서 스스로 돈을 벌 수 있는 사람으로 독립했으면 좋겠다. 회사라는 보호막은 새장과 같다. 새장이라는 보호막 안에서 잘 키워주니 날 수 있는 능력이 있는데도 날아가지 않는다. 새장에서 벗어나서 여러분도 충분히 날 수 있음을 깨닫고 훨훨 날아보자. 바깥세상은 활짝 열렸다. 지금 당장 도전해보자.

5장

IT 업계로의 진출, 직무 확대, 이직

코딩교육과 홈페이지 제작, 스마트스토어 강의

코딩 사교육에 뛰어든 이유

중고등학교에서 코딩을 가르쳤던 강사 한 분을 '창업부트캠프'에서 우연히 만날 기회가 있었다. 교원 자격증이 있었던 A 강사는 2012년부터 중고등학교 학생을 대상으로 8년간 자바와 파이썬 등을 가르쳤다고 했다. 사립고등학교에서 가르쳤는데, 아무래도 일반 학교에서 가르치다 보니 컴퓨터 언어에서 시작하는 게 아니라 기초부터 시작해야 하는 갭 때문에 사교육 시장으로 뛰어들었다고 했다. 시중에 코딩교육을 전담하는 수업은 많다. '패스트캠퍼스, 스파르타 코딩클럽, 코드스테이츠' 등의 고가 수업이 이에 해당한다. A 강사는 이런 수업들이 너무 클론 코딩(미리 코딩할 소스를 파일로 제공하고 똑같이 적어서 코딩하는 것) 위주로 구성된 교육인 데다가, 마케팅에 의해 부풀려진 측면이 많아 아쉬웠다고 했다.

최근에는 대안학교 학생들, 학교 교육을 아예 안 받는 홈스쿨링 아이들, 공교육을 거부하고 학교 밖으로 나오는 학생까지 1년에 17만 명이나 되는 아이들이 양산되는데, 정작 이들을 제대로 가르칠 교육 환경과 수업 수준은 다양하게 조성되어 있지 않은 형편이다. 게다가 학교를 나온 아이들 중에 학교 수준보다 높은 교육 여건을 기대하는 아이들도 많고 또 IT 쪽에 대한 수요도 많아 본격적으로 코딩 사교육을 해보기로 마음먹었다고 했다. 그리고 A 강사는 이렇게 전했다. "대안학교의 경우 여행도 다니고 봉사활동도 하면서 인성 중심의 활동을 많이 하는 편입니다. 학교를 그만둔 지는 2년 정도 되었고 지금은 기간제 강사로 한 타임씩 나가는 게 다입니다. 대안학교를 비롯한 학교 밖 아이들은 의외로 요구 조건이 높습니다. 학부모님들도 고학력인 경우가 많고, 사회 변화에 대한 인식도 매우 높은 편입니다."

코딩학원, 거품이 많아도 너무 많다

A 강사에게 코딩교육을 어떻게 시작하게 되었는지 물었더니 이렇게 대답했다. "소위 코딩을 가르친다는 학원들을 둘러보니 만족할 만한 학원이 없었습니다. '코딩교육이라는 말 자체가 사기인 것은 아닌가?' 하는 고민마저 들더군요. 광고할 때는 애플 CEO라든지 구글 페이스북 이런 걸 마치 그 코딩이랑 같은 것처럼 광고하는데 본질은 완전히 다릅니다. 수학적인 지식도 있어야 하고 컴퓨터를 이해해야 가능한 건데 단순히 코드 입력을 해봤다 하는 약간의

알고리즘을 프로그램 개발자들이 구글링해서 복사하고 붙여넣기 하는 정도의 능력 정도만 가르쳐줍니다. 그런 교육은 기초 없이 가르치는 거라 더 이상 응용해서 하기가 쉽지 않습니다."

A 강사는 수학적 기초가 없고 알고리즘도 모르는 상태에서 배우는 코딩은 전혀 쓸모가 없다고 강조했다. 그래서 코딩은 무엇보다 '본질적인 것'부터 배우는 게 중요하다고 했다. 그래서 A 강사는 자신이 만약 코딩교육을 한다면, 수학적 기초와 알고리즘부터 가르쳐야겠다고 생각했다고 했다. 기본이 탄탄해야 발전이 가능하기 때문이다. "학생들에게 조금만 어려운 문제를 내면 알고리즘에 대해서 물어옵니다. 그만큼 기초가 탄탄하지 않다는 방증이지요."

A 강사가 코딩을 배우기 위해 추천하는 사이트는 '코딩샘'이다. 다른 곳들에 비해 진정성 있게 기본부터 가르치는 좋은 강의들이 많이 개설되어 있다고 한다. 그러면서 이런 조언을 덧붙였다. "기초를 탄탄히 하는 게 중요하다고 생각합니다. 코딩이 추구하는 문제 해결 능력이 생기는가를 봐야 합니다. 3D 분야는 미적분 분야를 알아야 구현이 가능합니다. 계산을 안 하더라도 컴퓨터한테 명령식을 입력할 수는 있어야 합니다."

IT 지식으로 부가 수익 창출하기

A 강사는 코딩교육 외에도 본인이 가지고 있는 IT 지식을 가지고 부가적인 수익을 창출하고 있었다. 그중에 하나가 홈페이지 만

들기였다. "워드프레스를 통해서 홈페이지를 만들어서 월 50만 원 정도 버는 일도 하고 있습니다. 딱 그 정도만 영업해서 요청받는 홈페이지를 만드는 데 3~4시간이면 충분하기 때문에 디자인 좀 해주면 금방 뚝딱 만들 수 있습니다. 페이지가 많은 건수는 한 건에 250만 원 정도 하기도 합니다. 몇 개 CSS 프론트엔드만 다룰 줄 알면 충분히 가능합니다."

홈페이지 말고도 성인들을 위한 PPT, 엑셀 교육도 진행 중이었다. "PPT 만들어서 판매하는 것과 PPT 만드는 방법에 대한 강의도 진행합니다. 성인 엑셀 수업도 가르칩니다. 팀뷰어로 엑셀 원격 수업도 진행합니다. 예전엔 블로그로 모집했는데 지금은 학원에서 모집해주는 분들만 진행하고 있습니다. 그래도 수수료 없이 직접 수강생을 모아 수업을 진행하고 싶어서 블로그에서 다시 진행하려고 합니다. 안 하던 걸 해야 해서 뼈를 깎는 노력이 필요하고 습관도 바꿔야 합니다. 온라인으로 하면 더 큰 돈을 벌 수 있지만 일일이 한 명씩 케어해주기 쉽지 않아서 오프라인 그룹 과외 식으로 진행합니다."

수익을 위한 파이프라인을 여러 개 만들자

A 강사는 리스크를 최소화하기 위해 IT 지식과 관련된 일 말고도 또 다른 파이프라인을 구축했다고 한다. 이를 위해 그는 배움에 투자하는 시간과 비용을 아끼지 않았다. 그가 구축한 다양한 파이

프라인 중 대표적인 게 스마트스토어다.

"스마트스토어를 통해서도 돈을 벌고 있는데 이젠 예전과 같은 위탁판매 실적은 어려워졌습니다. 지난 5월 시장에 강력한 영향력을 끼치는 유명 유튜버가 온라인 교육 플랫폼에 스마트스토어 강의를 개설하는 바람에 완전히 전쟁터가 되었습니다. 그 강의를 들으면서 느낀 것은, 결국 자신만이 위탁받을 수 있는 걸 팔아야 한다는 사실이었어요. 그게 아니라면 본인이 스스로 광고를 하고 브랜딩을 잘할 줄 알거나요. 위탁판매는 경쟁이 너무 치열해 마진이 너무 적습니다. 업무량도 무시 못할 정도로 많아요. 저 역시 스마트스토어 일을 하면서 엄청난 전화와 문자를 받은 적이 있습니다."

A 강사는 그렇게 말하면서 위탁판매보다는 해외 구매대행을 추천한다고 했다. "구매대행은 주문 접수부터 물건 발송까지 2주 정도 걸리니까 저녁에 고객에게 문자를 보내고 난 뒤 여유 시간을 가질 수 있습니다. 주문이 들어오고 이틀 뒤에 한꺼번에 처리해도 배송에 별다른 차질이 생기지도 않죠. 마진율도 높습니다. 추천하는 사이트는 네이버 구매대행입니다. 법적인 부분에서 허용치가 높아서 좋습니다. 제 경우에는 소량으로 판매해보고 소비자 반응이 좋으면 대량으로 구매해서 팝니다. 그래야 마진율이 올라가니까요."

A 강사는 스마트스토어로 수익을 내기가 쉽지 않다고 토로했다. '혼을 갈아 넣어야' 가능한 일이라고 재차 강조했다. "제자 한 명이 월 1,400만 원 순수익을 가져가는데 하루에 10시간을 일합니다. 처음 3개월 동안 수익이 하나도 없었습니다. 그런 게 좀 힘듭

니다. 지금은 그때보다 더 힘듭니다. 그래도 한 달에 100만 원 정도의 수입을 올리는 파이프라인은 하루에 2~3시간만 투자하면 누구나 만들 수 있습니다. 꼭 한번 해보는 걸 추천합니다."

A 강사는 여기서 그치지 않고 본인이 해본 걸 가지고 강의를 해서 또 다른 파이프라인을 구축했다. "스마트스토어를 배워서 강의도 해봤습니다. 교육하는 랜딩페이지는 없지만 오프라인으로 사람들을 모아서 소수로 가르치곤 했습니다. 저보다 훨씬 잘 버는 제자들이 많습니다. 제자들이 만든 위탁판매 과자 몰도 있습니다. 고등학생 제자들이 사진 찍고 직접 해보고 하는 몰도 있는데 간간이 수익이 들어옵니다."

프리랜서의 삶도 쉽지는 않다

나는 A 강사의 삶이 부럽기만 했는데 A 강사 본인은 아직도 부족한 점이 많다고 느낀다고 했다. 또 고민도 많다고 했다. 그에게 어떤 고민이 가장 큰지 물었다.

"학교는 마음먹으면 다시 돌아갈 수는 있지만 그리하고 싶지는 않습니다. 재미가 없어서 하고 싶지 않습니다. 학교에서 가르치거나 사교육 시장에서 과외로 코딩교육을 진행해봤습니다. 그런데 코딩교육의 경우 기본부터 가르쳐야 기초가 탄탄해지는데 아이들을 생각해서 재미 위주로 가르치다 보니 그게 여의치 않아서 힘이 듭니다. 제가 팔 수 있는 무기들을 많이 모았지만 더 성장을 못해서 한계를 느꼈고 슬럼프를 겪었습니다. 블로그를 찾아보니 이미 같은 분야로 홈런을 치는 분도 계십니다. 그러나 강의 수강 비용이 너무 비싸서 듣지는 못했습니다. 그분도 저처럼 워드프레스(홈페이지를 만드는 사이트)와 스마트스토어를 하는데 워드프레스를 이용해 월 500만 원 정도 벌고 스마트스토어로는 훨씬 성과를 많이 내 한 달에 1억 원 가까이 벌고 있습니다. 브랜드 디자인, 웹 디자인 등 다 하더군요. 저도 수익을 좀 더 극대화하고 자동화시키기 위한 고민이 많이 됩니다."

파이프라인을 안정되게 세팅하는 게 목표

A 강사는 여기서 그치지 않고 다음 파이프라인 구축을 위한 준비를 하고 있다고 했다. "구매대행, 위탁판매를 주제로 30~40대 학부모님들을 대상으로 강의를 계획 중입니다. 마케팅에 따로 신경쓰지 않으려고 수수료를 좀 주더라도 플랫폼을 이용해서 진행해왔는데 이제는 좀 더 수익을 올리기 위해 강의를 독립해서 진행할 계획입니다. 그러자면 마케팅도 직접 진행해야 하겠지만 가능하리라 봅니다. 제 원칙은 돈을 들여 하나의 강의를 배웠다면 그것을 바탕으로 무조건 강의료 이상의 수익을 뽑아내는 것입니다. 그렇게 각각의 사업에서 적어도 월 100만 원의 수익을 올리도록 세팅해놓는 것이 제 목표입니다. 각 사업 파이프라인에서 한 개가 없어져도 큰 리스크가 없도록 한쪽에 치우치지 않게 세팅하는 것도

신경쓰고 있습니다."

A 강사는 이렇게 여러 사업을 운영하면서도 하루에 네 시간 이상 일하지 않고 주 3일만 일하는 시스템을 만들려고 노력 중이라고 했다. "업무를 자동화시키고 평일 중 하루는 무조건 여행가는 날로 삼았습니다. 억대 연봉까지는 아니지만 학교에 소속되어 있을 때의 수익 이상으로 돈을 벌며 여유롭게 살고 있습니다."

코딩은 적성에 맞아야 오래 할 수 있다

그에게 코딩으로 돈을 벌고 싶은 사람에게 해줄 조언을 구했다. "코딩은 직업으로 삼기에는 엄청 힘든, 고난의 길입니다. 구글 분석하는 툴이나 데이터 분석 통계학 쪽 지식이 돈도 되고 활용도가 높다고 생각합니다. 계속 컴퓨터 앞에서 코딩을 하는 게 너무 재미있고 며칠 밤을 새워도 끄떡없고 보람을 느끼는 사람이라면 추천하지만, 적성에 맞지 않는다면 직업으로 하기보다는 차라리 교육 쪽으로 일해보는 것을 추천합니다. 실력을 키우면서 돈을 받는 교육이 보람도 있고 더 즐거울 수 있습니다."

인터뷰를 통해 '회사나 조직에 소속되지 않고 돈을 버는 방법이 이렇게나 많구나' 하고 느낄 수 있었다. 특히 IT 지식으로 돈을 벌 수 있는 방법이 이렇게 많다는 건 이쪽 진로를 희망하는 분들께도 꽤 희망적인 이야기일 것 같다. 코딩 역량을 쌓고 그 외에 마케팅을 공부해서 사람을 모으고 본인이 알고 있는 지식을 팔 수 있게 되면 A 강사 못지않은 삶을 살 수 있을 것이다. 여유롭고 경제적으로 자유로운 삶을 사는 게 꿈 같은 얘기가 아닌 것이다. 이처럼 여러분도 꼭 도전할 수 있기를 바란다.

SAP ERP 기술로 프리랜서의 날개를 달다

시작은 SI 업체에서

나는 '아이티리치'라는 유튜브 채널을 2022년 4월부터 운영해 오고 있다. 2022년 9월 현재 70개의 영상이 업로드되었는데, 유튜브를 운영하면서 가장 많이 받는 질문이 바로 SAP ERP 전문가가 되려면 SI와 SM 중에 어디를 가야 하는지에 대한 것이다. 나 또한 이 부분에 대한 명확한 답을 알고 싶어서 현재 프리랜서로 일하고 있는, 억대 연봉의 SAP ERP 컨설턴트 B 씨를 인터뷰했다.

B 씨는 SI로 시작해 SM을 거쳐 프리랜서가 되었다. 먼저 B 씨에게 SI 업체에 들어갈 때 어땠는지 물었다. "SI 업체는 SM 업체에 비해 자격 요건이 까다롭지 않습니다. 그렇게 학력이 높지 않았음에도 합격할 수 있었습니다. 들어가면 아밥에 대한 기초 교육을 2~3개월 정도 받고 컨설턴트 일에 투입됩니다. 보통 필요한 곳에 배정을 해주긴 하지만 선택할 수도 있습니다. 처음엔 사수와 같이 배정이 되

지만 나중에 역량이 쌓이면 혼자 고객을 맡아서 해결합니다. 저 같은 경우에는 구매·물류 컨설턴트로 들어갔습니다."

B 씨는 SI 업체에 다닐 당시 어땠는지도 덧붙였다. "SI 업체 같은 경우에는 야근이 종종 있습니다. 고객이 요청을 하게 되면 고객이 원하는 시점까지 문제를 해결해야 합니다. 문제는 업무 시간 중이면 그 시간 중에 해결하면 되지만 간혹 주말이나 야간에 일이 생겨서 빨리 해결해달라고 요청해오는 고객도 있습니다. 그럼 어쩔 수 없이 주말이나 야간에도 연락을 받고 원격으로라도 바로 해결해주는 경우가 종종 발생합니다. 그런 부분들이 사실 SI를 빨리 그만두고 싶었던 이유이기도 했습니다. 뭔가 문제가 생겼는데 혼자 해결을 못할 경우, 모듈 컨설턴트들이 많이 배치되어 있기 때문에 물어볼 사람들도 있고 같이 케이스를 공유하며 의지할 수 있습니다. 그리고 다양한 고객을 해결하기 때문에 더 많은 케이스를 경험하고 빠르게 성장할 수 있는 점도 장점입니다."

B 씨는 아밥 개발에 대해서도 언급했다. "아밥 개발자가 아닌 컨설턴트는 간단한 리포트 프로그램을 만들거나 수정하는 일을 위주로 합니다. 아밥 개발보다는 시스템에 문제가 생겼을 때 이를 해결하고 고객을 상대하는 일을 하는 것이지요. 또는 처음 아밥 개발을 구축하는 곳에 들어간 경우 그 회사로 출장을 가서 그 회사에 맞게끔 환경을 세팅하고 프로그램을 만드는 일도 하게 됩니다."

SM 업체로의 이직

B 씨는 SI 업체에서 4년 정도 경력을 쌓고 SM 업체로 이직했다고 했다. 먼저 B 씨에게 SM 업체로 이직하게 된 과정을 물어보았다. "4년 정도 경력을 쌓은 뒤 SM 업체에서 물류 컨설턴트를 구한다는 공고를 보고 지원하게 되었습니다. 서류를 넣고 면접을 보게 되었는데 실무와 관련된 질문들을 많이 하더군요. 그동안의 경력을 높게 평가해주었고 합격해서 대리로 업무를 시작하게 되었습니다. 이직한 회사는 물류 관리를 잘하고 있는 편이었기 때문에 처음엔 그렇게 손볼 게 없었지만 전임자가 이미 그만두고 나간 터라 인수인계를 받기보다는 직접 찾아보고 프로그램을 뜯어보며 알아갔습니다."

그러고 나서 B 씨에게 SI 업체와 비교했을 때의 차이점을 물어보았다. "SM 업체라 해도 근무 환경은 SI 업체에 비해 좋았습니다. 퇴근 후와 주말 시간은 그래도 보장되었고 연봉도 꽤 상승했습니다. 그러나 마냥 좋은 것만은 아니었습니다. 문제가 발생하면 물어볼 사람이 없다 보니 제가 직접 모두 해결해야 하는 점은 정말 힘들었습니다. SI 업체에서는 아밥 개발자들이 따로 있었지만 SM 업체는 인력이 충분하지 않아서 컨설턴트가 직접 개발을 하는 경우가 부지기수였습니다. 그동안 SI 업체에서 했던 아밥 개발은 단순히 조회하는 프로그램이었다면 여기는 아예 입력하고 저장하는 기능까지 다 구현할 수 있어야 했습니다. 그래서 아밥 개발의 더 어려운 부분까지 배우느라 애를 먹었습니다. 컨설턴트 일 말고도 회사의 모든 시스템을 관리하고 IT 기기까지 관리하는 곳이어서 컴퓨터를 설치하거나 그룹웨어, 컴퓨터 장애 등의 연락들도 받고 처리해야 했고 부수적인 업무까지 다 해야 했습니다. 나중에는 그룹웨어의 전자결재 양식과 연동하는 시스템을 요구해서 웹사이트를 다루는 기술까지 배워야 해서 좀 버거웠습니다. 가장 큰 어려움은 SI 업체보다 조직문화가 더 강해서 혼도 많이 나고 업무 처리에 대해 계속해서 지적을 받다 보니 또 다른 스트레스가 좀 있었습니다. 그래도 SI 업체와는 다른 부분에서 또 성장할 수 있었고 이런 경험들이 프리랜서를 할 수 있는 디딤돌이 되었습니다."

자유롭게 수익을 내기 위해 도전한 프리랜서

B 씨는 4년간 근무한 뒤에 SM 업체를 퇴사했다고 했다. SM 업체가 SI 업체보다는 나았지만 그래도 더 나은 환경으로 가기 위해 프리랜서로의 전향을 택했다고 했다. B 씨에게 그 과정을 들려달라고 요청했다.

"SM 업체가 SI 업체보다는 확실히 나았지만 업무에서 오는 부담감과 조직 생활에 적응하는 일이 쉽지 않았습니다. 그래서 알아보던 중에 프리랜서로 더 많은 돈을 받고 일할 수 있는 기회가 있음을 알게 되었습니다. SAP ERP 인력을 중개해주는 업체에서 대기업들과 연결을 시켜주고 프리랜서로 일하게 해주는 걸 알게 되었습니다. 그동안 SI 업체와 SM 업체를 거치면서 쌓아온 이력들을 어필했고 대기업 L사의 계열사로 들어가 일하게 되었습니다. 프로젝트 단위로 계약을 맺게 되는데 1년마다 갱신하는 형태로 계약을 맺습니다. 실수령액으로 월 1천만 원이 넘었습니다. 그렇게 프리랜서 생활이 시작되었습니다."

모두가 꿈에 그리는 억대 연봉 프리랜서가 되었지만 순탄치만은 않았다고 하는데 그 이야기를 들어봤다.

"그렇게 꿈에 그리던 프리랜서 생활이 시작되었습니다. 돈을 많이 받는 것은 좋았으나 그 길이 순탄치는 않았습니다. 프로젝트에 참여한 그 회사 소속 사람들도 다수 있었지만 그들과 점심은 같이 먹어도 더 가까워지기는 쉽지 않았습니다. 모든 걸 혼자 감당해야 했습니다. 문제가 터졌을 때 도움을 청할 곳이 없다 보니 혼자 해결해야 했습니다. SM 업체에서도 팀장님의 기한 압박이 있긴 했지만 기한을 못 지켜도 혼나고 또 넘어가면 되었는데 프리랜서는 책임의 문제가 크다 보니 기한을 무조건 지키기 위해 야근도 하고 주말에도 자발적으로 근무를 해야 했습니다.

돈을 많이 받는 만큼 워라밸은 더 지키기 쉽지 않았습니다. 가장 큰 문제는, 나 혼자만의 이유가 아니라 협업하는 사람들 문제로 기한을 지키는 게 어려워지는 점이었습니다. 제가 개발한 프로그램이 문제가 되었을 경우에는 바로 수정해서 해결하면 됩니다. 그런데 프로그램을 분석해보니 제 프로그램의 문제가 아니라 협업한 사람들의 프로그램이 잘못돼서 문제가 발생하는 사례가 부지기수였습니다. 그럼 그 협업한 사람들이 해결해줄 때까지 기다려야 합니다. 협업하는 사람들이 늦게 해줄 경우에는 더 기한에 쫓기게 됩니다.

그리고 하나를 완료하고 다음 것을 진행한다기보다는 계속해서 추가 요청 사항이 들어오는데 그게 누적이 되어버리면 정말 감당하기 힘들 정도로 일이 쌓이곤 합니다. 그래서 결국 기한을 못 맞출 때가 간혹 발생하는데 그럴 경우에는 그 회사 담당자가 또 눈치를 많이 줍니다. 프리랜서라서 많이 받는 만큼 또 감당해야 할 것들이 많기 때문에 그런 걸 미리 잘 알고 도전했으면 합니다."

또 다른 도전을 꿈꾸다

억대 연봉 프리랜서가 되었지만 고민이 많다는 B 씨에게 앞으로 또 다른 계획이 있는지 물었다.

"계약만료가 다가오고 있습니다. 원래는 갱신을 해야 하지만 다른 곳으로 옮길지 여부를 고민 중입니다. 지금 일하는 곳은 정확히 제 분야라기보다는 엄밀히 따지면 약간 다른 물류 쪽 분야라서 그동안 안 해봤던 걸 하다 보니 더 힘겨운 것이 있었습니다. 그리고 개발자가 원래는 따로 있어서 개발 일은 잘 안 하게 마련인데 제가 직접 개발을 다 해야 해서 더 힘겨웠습니다. 다음에는 이런 부분을 좀 더 고려해서 일이 조금 수월한 곳으로 가려고 합니다.

SAP ERP에 도전하는 분들은 그래도 지금 많은 기업들에서 프로젝트를 진행하고 있고 인력을 많이 필요로 하니 분명 비전은 있다고 생각합니다. 잘 준비하시면 높은 연봉도 노려볼 수 있으니 열심히 해보시길 바랍니다."

SAP ERP로 억대 연봉 프리랜서가 될 수 있다는 건 그것을 준비하는 사람들에게는 희소식이 아닐 수 없다. 그러나 B 씨는 높은 연봉만큼 책임져야 하는 부분도 많다는 걸 염두에 두고 잘 준비하여서 도전하라고 당부했다.

회계감사 직무로 이직하는 데 성공하다

국내 상장사와 내부회계관리제도

회계감사라고 하면 회계팀만 관련된 것이라고 생각할지도 모르겠다. 하지만 아니다. 최근 코스피와 코스닥에 등록된 기업들을 대상으로 주주들을 보호하기 위해 2018년 11월부터는 '신외감법(2018년 말 시행된 새 외부감사에 관한 법률)'이라는 제도가 생겨 회계감사 시스템을 구축하는 기업들이 늘어나고 있다. 그로 인해 대기업들에서 회계감사 시스템을 잘 다룰 수 있는 사람들을 개발자 못지않게 채용하고 있다.

신외감법이라 하면 좀 생소한 사람들이 많을 텐데 주식에 관심 있는 사람이면 '다트(DART)'라는 전자공시 사이트를 알 것이다. 우리가 다트라는 사이트에서 주식 상장 기업의 재무제표를 볼 수가 있는데 이걸 투명하게 올리지 않는 기업들이 문제가 되었고, 이런 기업들이 생겨나는 걸 방지할 필요성이 대두되었다. 이런 필요성 때문에 외부감사를 정기적으로 받도록 하고 부적격 판정을 두 번 이상 받으면 주식상장을 폐지하는 강력한 법안을 도입했다. 이게 신외감법이다. 대부분의 주식상장 기업이 자체적으로 내부회계라는 걸 통해서 이미 자체 감사를 시행하고 있으나 약식으로 하는 경우가 많았기 때문에 부적격 판정을 받게 될 기업들이 많다. 그래서 신외감법 도입 이후로는 기업의 규모별로 유예 기간을 두고 순차적으로 적용하는 중이다.

이런 이유로 대기업을 포함해 대다수의 주식상장 기업들이 발 빠르게 내부회계시스템을 손봐야 해서 관련 인력들을 대거 채용하는 것이다. D 씨가 다니던 회사에서도 신외감법에 맞춰 내부회계시스템을 새로 도입하면서 시스템 운영 업무를 하고 있었다. 이후 D 씨가 이직 준비중일 때 IT기업으로 유명한 N사에서도 회계감사 분야 채용공고를 올렸다. D 씨는 중견기업 전산실에서 근무하다 N사의 회계감사 분야로 이직해 연봉을 올렸다.

"신외감법의 도입으로 주식 상장회사들은 ITGC(IT General Control)라는 내부회계관리제도가 좀 더 강화되어 운영되고 있습니다. 제가 다니던 회사도 코스피 상장사여서 내부회계관리제도를 운영하고 있었습니다. 저는 SAP ERP BC(Basic Consulant)를 맡아서 내부회계관리제도의 분기감사, 반기감사 시에 자료를 제공하는 업무를 했습니다. BC 업무를 하다 보니 ERP 서버를 포함한 사내 시스템들을 관리하게 되는데 내부회계관리시스템 서버도 운영했습니다."

신외감법 도입으로 늘어난 채용 기회

앞서 설명했듯이 신외감법이 들어오면서 내부회계관리제도가 훨씬 촘촘히 강화되었다. 2019년 자산 2조 원 이상 기업을 시작으로 2020년 5천억 원 이상 기업, 2022년 1천억 원 이상 기업에 적용되었다. 2023년부터는 모든 상장 기업에 적용된다. 이미 내부회계관리제도를 시행은 하고 있었지만 내부에서 보고서만 내면 되었기 때문에 약식으로 진행하는 경우가 많았다.

하지만 지금은 그게 통하지 않는다. 내부회계관리제도를 철저히 시행하고 이 자료를 외부회계법인으로부터 정기적으로 감사를 받아야 하기 때문에 내부회계관리시스템 자체를 뜯어고쳐야 하는 곳들이 많아졌다. 하지만 아직도 제대로 갖춰지지 않은 회사들이 몇만 개라고 한다. 그리고 내부회계관리제도를 약식으로 할 때는 많은 인력이 필요하지 않았지만 이걸 제대로 시행하게 되면 운영하는 인력도 추가로 많이 필요해지는데 특히 대기업은 더더욱 이걸 해본 경력자들을 많이 필요로 하게 된다. 그래서 수많은 대기업들이 ITGC 경력자 채용에 혈안이 되어 있다.

나는 D 씨에게 이직 과정에 대해 물었다. "막내 생활을 3년 넘게 했는데 신입도 뽑지 않고 잡다한 업무가 너무 많은데다 일이 점점 늘어나고 부담이 돼서 이직할 곳을 알아보게 됐습니다. 그런데 마침 제가 하고 있던 ITGC 업무 경력자 채용을 대기업들이 많이 하는 걸 보고 지원해보게 되었습니다. 사실 전산실에서 근무하면서 그룹웨어 결재 양식 수정을 통해 웹 개발도 해봤고, RPA 프로그램을 도입해 파이썬 프로그램도 해봤으며, 다양한 프로그램 언어 능력을 키워왔습니다. 개발자로 들어가보려고 코딩 테스트도 무료 사이트에서 풀어보고 하면서 준비를 해놓기는 했습니다. 근데 마침 제가 가고 싶었던 N사에서 마침 코딩 테스트가 필요 없는 ITGC 업무 경력자를 뽑아서 지원하게 되었습니다. 전산실에서 해왔던 내부회계 관련 업무 경험을 면접 시에 자세히 얘기했더니 제 업무 경험을 높게 평가했고 다행히 합격하게 되었습니다. 연봉도 협상을 통해서 이전 직장보다 올려서 들어왔습니다."

새로운 근무 제도에 놀라다

D 씨가 옮긴 N사는 IT 개발자뿐만 아니라 많은 취준생들이 가고 싶어 하는, TOP 3에 드는 회사다. 특히 복지제도가 좋기로 유명하다. D 씨에게 근무 환경에 대해 물어봤다. "월 140시간을 알아서 일하면 돼서 시간을 관리하기가 참 편합니다. 휴가도 시간제로 쓸 수 있고 위로부터의 허락을 받을 필요 없이 자가결재로 진행합니다. 저 같은 경우에는 주 4일간 바짝 일하고 금요일에 무조건 쉬는 루틴으로 합니다. 그러다 보니 일주일에 한 번은 무조건 쉬는 터라 굳이 휴가를 내지 않아도 충분히 휴식을 취할 수 있습니다. 그래서 휴가를 쓰지 않고 이렇게 일을 몰아서 하는 직원들이 많습니다. 야근을 못하게 하기 때문에 회사에서는 주 40시간 이상은 근무할 수 없습니다. 그 이상 근무하려면 집에서 해야 하고 승인을

따로 받아야 합니다. 코로나19가 한창일 때는 전면 재택을 해서 회사에 거의 나가지 않았습니다. 최근에는 일상화가 시작되면서 재택은 안 하고 있지만 또 이런 상황이 있으면 언제든 유연하게 전면 재택을 할 것 같습니다."

그러나 D 씨는 복지가 좋은 대신에 책임이 따라오기 때문에 성과 보상을 신경쓰는 건 쉽지 않다고 했다. 그리고 내부회계관리제도의 특성상 분기마다 감사 시즌이 되면 일이 많다고 했다. "복지는 좋지만 연봉 협상이나 성과제가 좀 부담은 됩니다. KPI라는 성과지표를 정확히 측정해서 개인별로 점수를 매깁니다. 보통 개발자들이 S등급을 다 가져가고 스텝 부서들은 잘해야 A등급입니다. 근무 시간은 자율적으로 하는 대신에 따라오는 성과제의 압박이 있습니다. 내부회계관리부서의 특성상 분기별 감사 시즌이 되면 많이 바빠지는 단점이 있습니다. 전 부서의 내부 통제 자료를 다 받아야 하고 그 자료를 취합해서 회계사에게 줘야 하고 수정사항이 생기면 수정해야 하는 등 할 일이 정말 많습니다. 야근을 하고 싶지 않아도 일이 많으니 어쩔 수 없이 해야 합니다. 그래도 비시즌일 때는 좀 여유가 있는 장점이 있습니다."

연봉보다 중요한 복지

D 씨에게 IT 분야로 옮기고자 하는 후배들 또는 D 씨처럼 전산실 경험을 바탕으로 ITGC 분야로 이직하고 싶은 후배들에게 조언

하고 싶은 말이 있는지 물었다. "근무 시간이 상대적으로 적다 보니 연봉은 동종업계에 비해서 좀 적은 편입니다. 그래도 N사는 워라밸이 워낙 좋기 때문에 그 점 하나 때문에 다들 만족하고 다닙니다. 비단 N사가 아니라도, 이쪽 분야는 상대적으로 워라밸이 좀 더 만족스러울 것이라 예상합니다. 저도 전산실에 다닐 때는 인원은 적은데 일이 너무 많아서 참 버거웠습니다.

지금은 ITGC 업무만 하면 되고 시즌일 때를 제외하고는 상대적으로 여유가 있어서 여가 시간을 효율적으로 쓸 수 있다는 점이 너무 좋습니다. 개발자들의 경우 더 성과 보상도 많이 받고 연봉이 더 높긴 하지만 상대적으로 야근이 더 많습니다. 꼭 개발자가 아니더라도 IT 지식으로 들어갈 수 있는 부서가 많으니 좀 더 다양한 일들을 경험하는 게 중요합니다. 그런 의미에서 전산실 업무는 큰 경험이 되었습니다. N사는 자체 ERP를 쓰고 있지만 ERP라는 게 다 비슷비슷해서 SAP ERP 내부회계관리제도를 운영했지만 그래도 들어올 수 있었습니다. 그러니 ERP 시스템을 준비하는 학생이라면 BC 컨설턴트를 해서 이런 기회를 잡아보는 것도 추천합니다. N사뿐만 아니라 연봉이 높은 회계법인으로 이직할 수 있는 기회를 잡을 수 있을지도 모릅니다."

D 씨는 전산실 근무 경력을 바탕으로 N사의 내부회계관리부서에 들어가 만족스러운 회사 생활을 하고 있었다. 직무를 확대하여 이직에 성공한 경우라 볼 수 있었다. 이처럼 IT 분야는 개발자 영역만 있는 것이 아니다. 현재 전산실에 있어도, 아니면 전혀 다른

부서에 있다 해도, 직무를 확대해볼 수 있는 기회는 얼마든지 있다. 기회는 준비된 사람에게 열려 있다는 말을, D 씨를 보고 실감했다. 많은 사람들이 D 씨처럼 새로운 도전을 꿈꾸었으면 좋겠다.

데이터베이스 관리자에게 채용 트렌드를 묻다

10년 전과는 달라진 채용 트렌드

우리나라에서 검색 포털사이트로 제일 유명한 N사에 들어가고 싶어 하는 개발자 지망생들이 정말 많다. N사에 들어가고 싶은 분들을 위해 N사 클라우드 계열사에서 10년 넘게 근무한 데이터베이스 관리자를 인터뷰했다. 10년 전과 지금의 채용은 정말 큰 차이가 있다고 했다. 10년 전 N사에 입사할 때는 어땠는지 들어봤다.

"10년 전 N사에 지원하기 전에 30개도 넘는 회사에서 떨어졌습니다. 수많은 시행착오를 통해 N사의 클라우드 계열사에 입사하게 되었습니다. 다행히 그 당시에는 코딩 테스트는 없었고 삼성에서 보는 SSAT 시험 같은 직무적성시험을 보고 면접을 거쳐 들어갔습니다. 그때도 쉽게 들어온 건 아니지만 지금 같은 조건으로 코딩 테스트를 보고 코딩 면접을 본다면 합격하기 어려울 것 같습니다. 지금은 더 높은 수준을 요구하고 더 디테일한 직무면접을 통과해야 하기 때문에 더 쉽지 않습니다.”

면접관 시선으로 알려주는 실무면접 노하우

경력이 오래되다 보니 면접관으로 참여한 경험이 있었다. 면접을 보면 이 사람이 합격할지 여부가 쉽게 구분된다고 했다. 면접관 시선에서 본 실무면접 노하우를 물어봤다.

“운 좋게 면접관으로 참여할 기회가 몇 번 있었습니다. 면접을 보면 될 만한 사람들은 눈에 딱 보입니다. 이력서에 있는, 본인이 참여한 개발 프로젝트에 대해 몇 개 물어보면 대충 책 보고 개발한 건지 본인이 직접 개발한 건지 눈에 보입니다. 경력직 같은 경우에는 협업하면서 발생할 수 있는 케이스들을 몇 개 물어보고 포트폴리오를 봅니다. 그런데 대부분의 면접자들이 포트폴리오에 명시되어 있는 걸 실제로 물어보면 기초적인 것도 잘 모르는 경우가 많습니다. 포트폴리오에는 본인이 정말 자신 있게 대답할 수 있는 것만 써놓는 게 좋습니다.

그리고 직무 적합성에 대한 질문도 하는데 이걸 중요하게 봅니다. 여러 가지 이력이 있는 건 좋은데 본인이 지원하는 곳과 관련된 이력만 써야 합니다. 예컨대 데이터베이스 관리자를 뽑는 면접이라 개발 이력은 그렇게 중요하지 않은데 데이터베이스 관리자에 대한 이야기는 거의 없고 개발 이력만 가득 써놓은 사람들은 서류부터 걸렀습니다. 데이터베이스 관리자에 지원한 경우, SI에 있던 사람들은 프로젝트에 참여한 걸 쓰거나 트러블 슈팅(서버 문제 해결)을 한 거나 크게 튜닝(데이터베이스에서 불러오는 속도를 크게 개선한 것)을 한 것을 포트폴리오에 쓰는 게 좋습니다. 그러나 앞서 말했듯이 정말 자신 있는 것만 써야 합니다. 포트폴리오에 대해 깊게 질문하면 다 걸리는 경우가 많은데 그럼 바로 탈락입니다. 조금이라도 자신 없는 건 포트폴리오에 아예 넣지도 말아야 합니다. 능력도 중요한데 인성도 중요하게 봅니다. 말투가 건방지다거나 혼자 잘났고 거만하게 보여지는 경우에는 탈락시킵니다. 팀에 융화돼야 하기 때문에 혼자만 잘난 사람은 절대 뽑지 않습니다. 겸손한 자세가 중요합니다."

데이터베이스 관리자도 IT 취업의 좋은 대안

나도 데이터베이스 관리자를 해봤지만 서버에 이상이 생기면 가끔 주말이나 야간에 업무 처리를 해야 했다. 이런 점 때문에 데이터베이스 관리자를 꺼리는 경우가 많다. 그러나 인기가 많지 않아서 인력을 구하기 힘든 만큼 취업의 기회는 더 열려 있다. 데이터베이스 관리자에 대한 이야기를 들어봤다.

"요즘 인공지능이나 빅데이터 분야가 인정을 많이 받고 있기는 하지만 데이터베이스 관리자 인력도 많이 필요로 합니다. 젊은 사람들이 선호하지 않다 보니 지원하는 사람이 많지 않지만 그만큼 희소가치가 있다고 생각합니다. 선호하지 않는 가장 큰 이유는, 서버 운영이다 보니 문제가 생기면 주말이든 새벽이든 노트북을 켜고 처리를 해야 하기 때문입니다. 대신 데이터베이스를 배우는 데 N사만큼 좋은 곳은 없다고 생각합니다. 이곳에서 잘 배워서 이직을 통해 연봉을 올려간다면 충분히 좋은 기회가 많이 생길 것이라 생각합니다. 그러나 한 분야만 하다 보니 다른 분야를 더 배우지 못한다는 아쉬움은 있습니다. 따라서 부서 변경이나 이직을 통해 본인을 더 업그레이드하는 노력이 필요합니다."

보통 IT 취업이라고 하면 웹·앱 개발자나 백엔드 개발자를 선호하는 경향이 있지만 데이터베이스 관리자도 충분히 IT 취업 분야에서 희소가치가 있고 취업의 기회가 많이 열려 있다. 물론 야근을 해야 하는 경우가 종종 발생할 수 있지만 경력과 능력을 쌓는다면 개발자와는 또 다른 차별화된 능력으로 그 희소가치를 인정받을 수 있는 기회가 올 것이다. N사에 입사하고 싶다면 데이터베이스 관리자도 좋은 기회가 될 것이다. 면접관 시선에서 알려준 실무 면접 노하우도 잘 참고해서 여러분도 IT 취업에 꼭 성공할 수 있기를 바란다.

6장

써먹을 수 있는 면접, 글쓰기, 습관의 노하우

협상력을 높이는 개발자 면접 노하우

말하기 능력을 키워야 하는 이유

이 책을 읽는 분들의 궁극적인 목표는 더 많은 돈을 벌기 위함일 것이다. 그런데 코딩 능력보다도 더 중요한 건 사실 말하기 능력이다. 앞서 나는 이직을 자주 해서 연봉을 높이는 방법, 그리고 유튜브나 블로그를 통해 자신을 홍보하고 남들에게 필요한 정보를 제공하는 지식창업에 대한 이야기를 했다. 그런데 가만히 살펴보면 여기에 말하기 능력이 필요하지 않은 게 있을까?

이직을 잘하려면 이력도 중요하지만 결국 최종 관문은 면접을 통해 본인이 이 회사에서 일을 잘할 수 있음을 입증하고 연봉 협상을 하는 것이다. 그리고 입사가 끝이 아니라 회사에서도 말을 잘해야 주변 사람들로부터 인정을 받고 승진도 수월하게 할 수 있다. 그리고 만약에 IT로 지식창업을 한다고 해도 유튜브를 하고 사람들에게 뭘 알려주려면 말하기 능력은 필수다. 그럼에도 불구하고 안타까운 건, 코딩을 하고 개발을 하는 사람들 대부분이 이 능력이 떨어진다는 것이다.

개발자들의 말하기 능력이 떨어지는 이유

왜 개발자들의 말하기 능력이 떨어지는 걸까? 가장 큰 이유는 코딩만 하다 보니 사람들과 소통하는 것보다 컴퓨터와 소통하는 게 편하기 때문이다. 나 또한 그랬다. 나 혼자 컴퓨터 화면을 보며 고민하고 구글링을 했다. 현업과의 대화보다는 혼자 코딩하는 게 맘이 편했다.

그런데 정말 돈을 벌고 싶다면 말을 하고 본인을 드러내야 한다. 코딩만 하고 소통하지 않으면 승진도 늦어지고 말을 잘 못하다 보니 면접도 쉽지 않아 이직도 못한다. 설령 내 코딩 능력이 탁월해서 이직 면접에 통과한다고 해도 협상을 위한 말하기는 한마디도 못할 것이며, 이직을 한다 해도 그다지 연봉 상승률이 높지 않을 확률이 높다. 이런 말하기조차 힘든데 지식창업이나 유튜브는 당연히 쉽지 않을 것이다.

그럼 이렇게 반문하는 사람도 있을 수 있다. "개발자가 코딩 능력이 더 중요하지 말하기가 중요한가요?" 코딩을 잘하는 게 얼마나 힘든지는 개발자들이라면 다 공감할 것이다. 평생 코더(Coder)로 살 자신이 있고 코딩 실력 하나로만 인정받고 살고 싶다면 그렇게 해도 된다. 그러나 난 여러분들이 하루라도 빨리 억대 연봉에 다다르길 바란다. 젊을 때 부유하게 사는 것과 나이 들어서 부유하게 사는 것 어느 쪽이 더 가치 있을까? 당연히 전자일 것이다. 말하기 능력을 키우는 건 여러분들에게 하루 빨리 억대 연봉에 다다르게 하는 부스터를 달아줄 것이다.

최강 팁, 경청하고 질문하기

그럼 어떻게 해야 말하기를 잘할 수 있을까? 여기서 말하기란 발표만을 말하는 건 아니다. 발표도 결국 사람들과 일반적으로 대화하는 것과 결은 같다. 개발자의 가장 큰 단점 중 하나는 공감 능력이 떨어진다는 것이다. 본인만의 세계에 빠져 있는 경우가 많기 때문에 주변 사람들의 생각은 아랑곳하지 않고 본인이 하고 싶은 말만 할 것이다. 이걸 해결하기 위해서 가장 필요한 건 잘 듣는 것이다. '경질설'이라는 말이 있는데 '경청하고 질문하면 설득된다'라는 뜻이다.

말을 잘하는 사람의 특징 그 첫 번째가 경청하는 것이다. 이것은 거창한 걸 떠나서 일하는 데도 적용이 된다. 우리는 개발자 일을 하면서 개발만 하는 게 아니라 현업의 얘기를 듣는 걸 많이 하게 될 것이다. 현업으로부터 이런 것이 불편하고 이걸 이렇게 개선해줬으면 좋겠고 왜 이 개발을 요청하는지 그 내용을 듣는 것이다.

그런데 듣기만 하면 안 된다. 듣고 공감하고 더 정확한 의도를 파악하기 위해 질문을 해야 한다. "왜 이 기능이 필요한가요?", "이

기능이 꼭 필요한가요?", "어떤 기능이 제일 필요한가요?" 하는 질문들을 하지 않고 듣기만 하면 현업의 이야기를 왜곡하게 되고 결국 두 번 개발하는 오류를 범하게 된다. 경청하고 질문하기만 잘해도 여러분은 일 잘한다는 소리를 듣게 될 것이다. 이건 윗사람들과 얘기할 때도 적용된다. 윗사람들이 무슨 이야기를 하면 본인이 원치 않는 이야기를 한다고 제대로 듣지 않고 끊어버리고 본인의 주장을 펼치는 사람들이 있다. 그러면 미움받기 딱 좋다. 결국 인사평가도 사람이 하는 것인데 그 사람들에게 미움을 받으면 본인만 손해다.

먼저 듣자. 그러고 나서 본인이 확실히 이해했는지 다시 한 번 질문하고 확인받자. 혹시 맘에 들지 않는 지시를 내렸다고 한다면 그걸 직접적으로 부정하기보다는 조금은 순화해서 "이런 방법은 어떨까요?" 하고 말해보자. 말하는 스킬보다 더 중요한 건 잘 듣는 스킬이다. 이렇게 평소에 일할 때 습관을 잡아놓는다면 말할 때 더 큰 시너지 효과를 발휘할 수 있다.

면접과 발표에서는 간결하고 명확하게!

우리가 면접에 임할 때 가장 못하는 것 한 가지가 있다. 간결하고 명확하게 말하기다. 우리는 습관적으로 생각나는 것을 두서없이 주저리주저리 이야기하는 게 편하다. 그런데 면접에서는 절대 그렇게 해서는 안 된다. 발표도 마찬가지다.

다섯 문장 내외로 끊어서 아주 간결하게 이야기하자. 그리고 가장 중요한 건 핵심부터 말하는 것이다. "이 회사에 왜 지원하게 되었나요?"라고 물어봤다고 하면 "이 회사의 이런 점이 좋아서 지원했습니다" 하고 핵심만 간결하게 말하고 부연설명으로 추가 근거 두세 문장 정도만 덧붙이는 게 좋다. 말을 길게 하는 것은 결코 좋은 방법이 아니다. 핵심만 간결하게 말하는 건 그 사람이 일할 때도 그런 습관이 되어 있다는 걸 보여주기 때문에 정말 중요한 부분이다.

발표할 때도 마찬가지다. 개발자들은 본인이 만든 프로그램을 소개하는 발표를 하는 일이 종종 있을 수 있다. 주니어 개발자 때는 그다지 없을 수도 있는데 경력이 쌓이면 쌓일수록 발표 능력을 더 많이 요구해서 스트레스를 받는 개발자들이 많다. PPT 장표를 만들 때도 소개와 배경부터 주저리주저리 만드는 게 아니라 오늘 전하고자 하는 핵심 결론을 첫 장표에 딱 보여주는 것이 낫다. 그리고 부연 근거 자료 두세 장이면 충분하다. 꼭 필요하지 않은 따분한 배경 소개 등은 되도록 안 만드는 게 좋다.

협상 노하우, 매너가 돈을 만든다

'협상'이라는 것을 "나 이 정도 능력이 있으니 돈 더 주세요"라고 당당하게 말하는 걸로 착각하는 사람들이 있다. 협상의 가장 큰 팁은 매너다. 매너가 몸에 배어 있는 사람들은 알아서 잘하는 경우가 많은데 개발자들은 특히나 이걸 잘 못하는 경우가 많다. 감성적이지 않고 논리적인 머리만 가지고 있어서 그러한 경우가 많다. '내가 이 정도 능력을 가지고 있으니까 당연히 이 정도 돈은 받아야 하는 거 아닌가?', '남들은 이 정도 받는다는데 이 정도 주장하면 먹히겠지?' 하는 마인드로 임하면 안 된다.

협상할 때 갑질은 절대 금물이다. 가장 하지 말아야 할 말은 "다른 데서 많이 제안을 받았는데 이 정도 안 되나요? 그럼 안 다니겠습니다" 하는 말이다. 이건 그 회사에 "나 인성 최악입니다"라고 광고하는 것과 마찬가지다. 이쪽 업계는 생각보다 좁아서 이렇게 갑질 한 번 한 게 소문이라도 난다면 이쪽 업계에서 일하기 쉽지 않을 수 있다. 본인을 어필할 수 있는 근거자료는 정확하게 만들되 다음과 같은 멘트를 해주면 좋다.

"이 회사의 이런 점들이 좋아서 꼭 다니고 싶습니다. 저는 이런 점들을 이 회사에 기여할 수 있을 것 같은데 이 정도 주시면 이 정도의 가치보다 더 기여할 수 있습니다. 주신 것보다 부족함 없게끔 제 능력을 발휘해서 열심히 해보겠습니다." 결국 면접도 사람이 뽑는 것이니 여유 있고 감성적으로 다가가 그분들의 의도를 파악하도록 하자. 친절하게 그분들의 의도에 맞게 말해나간다면 충분히 호감을 줄 것이며, 말하지 않아도 더 연봉을 주고 싶게끔 만들 수 있다.

그렇다고 해서 모든 회사가 좋을 수는 없다. 본인의 연봉 마지노선을 정해놓는 것도 중요하다. 그보다 더 밑의 수준을 제안하는 곳은 그 정도밖에 존중하지 않을 확률이 높기 때문에 거르는 것도 필요하다. 진심으로 사람의 말에 공감하고 친절하게 이야기하는 기본 자세는, 꼭 이직 시 협상 면접 자리가 아니어도 비즈니스와 사회생활에서 두루두루 여러분의 가치를 높여주는 무기가 될 것이다.

개발자들은 남들이 가지지 못한 엄청난 무기를 가진 사람들인데 이 사람들이 '말하기'라는 무기까지 장착하면 억대 연봉에 다다르는 속도도 훨씬 빨라질 거라 장담한다. 그러니 여러분들이 말하기라는 무기를 갖추는 노력도 코딩을 공부하는 노력만큼이나 꼭 들이기를 바란다. 참고로 내가 운영하는 '아이티리치' 카페와 유튜브를 통해 관련 자료를 공유하고 강의와 컨설팅도 진행하고 있으니 꼭 도움 받기를 바란다. 내가 직접 개발자의 입장에서 경험한 것을 통해 개발자에게 꼭 필요한 말하기 노하우를 전해주고 있다.

승진하기 위해 필요한 글쓰기 노하우

말하기 능력은 결국 글쓰기 능력

앞서 말하기 능력이 IT 업계 사람들의 연봉에 큰 영향을 끼친다는 이야기를 했는데, 말하기 능력은 결국 글쓰기 능력에서 나온다. 글쓰기를 잘하는 사람이 말도 잘한다는 이야기이며 말하기를 잘하고 싶으면 글부터 잘 쓰는 게 순서다. 논리적으로 글을 잘 쓰는 사람은 말도 잘하게 되어 있다. 그러니 발표를 잘하고 싶고 연봉 협상을 잘하고 싶다면 글쓰기부터 잘해야 한다.

'개발이나 잘하면 되지 글쓰기는 또 무슨 이야기인가?'라고 생각할지도 모르겠다. 개발자는 회사에 가서 개발만 하는 게 아니다. 회사에서 여러분은 계속해서 개발 상황에 대해 상사에게 보고해야 할 것이며, 현업에게 본인이 만든 프로그램을 시연하고 교육을 시켜야 한다. 그냥 말로만 떼우는 게 아니라 문서화시켜서 보여줘야 한다. '개발 능력 키우는 것도 힘든데 왜 이런 것까지 잘해야 하지?' 하고 스트레스를 받을 수 있는데 글쓰기가 왜 필요한지부터 짚어보겠다.

억대 연봉을 위해 꼭 필요한 글쓰기

회사에서 인정받으면서 승진을 잘하고 이직을 잘하는 것은 차치하고 여러분들이 언제까지 회사에서 월급만 받으면서 돈을 벌 것인가? 앞서 계속 말했듯이 억대 연봉을 받기 위해서는 결국 스스로 돈을 벌어야 한다. 그리하기 위해서 가장 중요한 능력 중 하나가 바로 글쓰기다.

스스로 돈을 벌기 위해서는 누군가에게 물건을 팔아야 한다. 그리하기 위해서는 내가 파는 상품을 잘 홍보할 수 있어야 한다. 그리고 고객에게 가서 내가 파는 상품을 소개하는 자리도 있을 것이다. 이럴 때 말도 중요하지만 그 말의 대본을 쓰는 건 바로 글쓰기의 영역이다. 발표 자료 또한 글쓰기의 영역이다. 내 상품을 돋보이게 하기 위해, 내가 하고자 하는 바를 알리기 위해, 카피라이팅도 하고 발표 자료도 만들어 돈을 버는 것이다.

내가 팔고자 하는 상품, 프로그램에 대한 설명을 웹페이지로 기가 막히게 만들어놓고 홍보만 한다면 돈이 자동으로 벌리는 것이다. 아무리 개발을 잘해서 프로그램을 잘 만들어놓아도 홍보를 제대로 못하면 말짱 헛일이 되고 만다. 그럼 이렇게 반문하는 사람도 있을 것이다. "그거 다 마케팅 업체에 맡기면 되지 않나요?" 그러나 우리가 사업을 시작하면서 그런 세세한 비용까지 다 충당할 수는 없다. 마케팅 업체에 한 번 맡기는 비용은 수백에서 수천만 원 정도다. 그 비용이 아깝지 않은 사람들은 그렇게 해도 된다. 그러나 나는 가능한 한 자신이 직접 하기를 권한다.

보고서, 발표 자료 작성에 애먹는 직장인들

2015년 '마크로밀 엠브레인'에서 전국의 만 19세 이상 직장인 578명을 대상으로 한 설문조사에 따르면, "보고서와 문서 작성에 스트레스를 받은 적이 있다"라는 질문에 "예"라고 답한 사람이 88.4%에 이르렀다. 또한 "글을 쓰는 능력이 성공과 상관관계가 있다고 생각한다"라는 질문에 "예"라고 답한 사람이 77.7%였다.

'대학교 때 발표 자료 많이 만들어보고 숙제 많이 했으니 잘할 수 있어'라고 생각하면 큰 오산이다. 나 또한 보고서와 발표 자료 때문에 팀장님에게 여러 번 혼나면서 스트레스를 받은 경험이 있다. 어쩌면 개발보다도 보고서에 더 쥐가 나고 힘들었는지도 모른다. 그렇게 몇 번 깨지다 보니 보고서와 발표 자료의 달인이 되긴 했지만 그 과정은 정말 험난했다.

직장인들이 이야기하는 보고서 팁

그럼 보고서로 스트레스를 받는 이유는 뭐가 있을까? 앞서 얘기한 마크로밀 엠브레인 설문조사 결과에 따르면 촉박한 마감 시간(23.5%), 잘 모르는 분야 요구(23.5%), 서식·시각적 효과 챙기기(22.7%), 혼자서 할 수 없을 정도로 많은 양(16.2%), 긴 자료 수집 기간(12.7%), 기타(1.4%) 순서였다. 어느 회사나 잘 모르는 분야를 짧은 시간에 요구하다 보니 어려움을 겪는데 특히나 신입들은 더더욱 그런 어려움을 겪을 수밖에 없다. 대부분 내가 모르는 일일 것이고 익숙치 않으니 남들보다 몇 배는 더 어려움을 겪을 것이기 때문이다.

같은 설문조사 내용에 직장인들이 얘기해주는 보고서 팁 문항이 있어서 공유한다. 요점만 파악할 수 있도록 간략히 정리하기(52.6%), 상사가 좋아하는 스타일에 맞추기(15.6%), 보고서 잘 쓰는 선배 벤치마킹(15.4%), 칭찬받았던 보고서 스타일 고수하기(8.8%), 그 분야에 정통한 선배에게 조언 구하기(6.9%), 기타(0.7%) 순서였다.

사실 이 설문조사에 핵심 내용은 다 들어 있다고 봐도 무방하다. 내가 경험한 바를 얘기하자면 요점만 파악할 수 있는 건 기본인 것이고 상사가 좋아하는 스타일이 사실 제일 중요했다. 보고서에 테두리를 치는 걸 좋아하는 상사, 표를 만들어주는 걸 좋아하는 상사 등 스타일은 각각 다르다. 그 상사가 지적하는 내용을 하나하나 흡수해서 제출하지 않으면 본인이 원하는 게 들어 있지 않다는 지적이 돌아올 것이다.

결국 보고서는 상사가 보기에 좋아야 하는 것이라 상사에게 맞추는 게 첫 번째다. 깨지면서 배우는 것도 방법이지만 우리는 최대한 덜 깨지고 싶어 하기 때문에 보고서 잘 쓰는 선배에게 먼저 검토받거나 벤치마킹을 하는 게 중요하다. 만약 팀장에게 보고하는 보고서라면 팀원들 중에 이미 경험해본 선배들이 있을 거고 그 선배가 쓴 걸 보고 참고하면 시행착오를 훨씬 줄일 수 있을 것이다.

첫 문장만 보고 알 수 있어야 한다

기본적인 글쓰기 실력을 키우기 위해 직장인이든 대학생이든 공통적으로 신경써야 하는 팁이 있다. 가장 중요한 원칙은 첫 문장과 첫 페이지만 보고 무슨 내용인지 알 수 있어야 한다는 것이다. 이는 보고서와 발표 자료 모두 해당되는 내용이다.

보통 우리가 형식에 연연한다고 소개 페이지나 연혁 페이지 등을 먼저 넣고 시작하는 경우가 많다. 그러나 그런 것들보다 보고나 발표에서 전하고자 하는 핵심 문장 하나를 가장 앞에 두는 게 중요하다. 뒤로 갈수록 집중력이 떨어지게 마련이다. 가장 처음에 말하고자 하는 바를 말하고 근거 자료로 세 가지 정도 제시하는 글쓰기 방법이 중요하다.

질문으로 상사의 니즈를 끈질기게 파악하라

발표를 듣는 사람, 보고를 받는 사람의 니즈를 잘못 파악하면 기껏 시간을 들여 조사한 자료가 물거품이 될 수 있다. 그 니즈를 파악하려면 끊임없이 질문을 해야 하는데 그리하지 않는 사람들이 많다. 가장 주된 이유는 욕먹기 싫어서가 가장 크다. '괜히 그런 질문을 했다가 이런 것도 모르는 사람으로 취급 받으면 어떡하지?' 하는 걱정이 된다.

그런데 질문해서 혼나는 것보다 질문을 안 하는 바람에 니즈를 제대로 포착하지 못해 보고서를 엉뚱한 방향으로 작성하는 상황이 더 나쁘다. 더 크게 혼나는 건 물론이고 본인의 업무 능력까지 낮게 평가될 확률이 높다. 야근하며 기껏 보고서를 작성해놓고 또 야근해서 더 짧은 기간에 보고서를 작성해야 하는 상황이 생겨 본인이 고생해야 하는 건 당연한 수순이다. 그나마 회사의 상사와 이런 일이 있었다면 본인만 욕먹고 끝나면 그만인데 나중에 본인의 사업에서 이런 일이 발생한다면 소중한 고객들이 날아가버리고 평판이 낮아질 수 있는 것이다.

그러니 회사에서부터 잘 경험해서 상대방의 니즈를 묻고 또 물어서 파악하는 습관을 들여야 한다. 아직 회사에 들어가지 않은 사람들은 자소서를 통해 연습해볼 수 있다. 내가 들어가고자 하는 회사의 니즈를 파악해서 자소서를 써야 괜히 중요하지도 않은 것들을 장황하게 서술해 자소서의 매력을 떨어뜨리는 실수를 방지할 수 있다. 니즈를 정확히 파악하기 위해서는 내가 들어가고자 하는 회사와 일할 부서에 대한 철저한 사전조사는 필수다.

팩트는 정확하게, 대안은 다양하게

보고서를 만들 때 가장 많이 실수하는 것 중 하나가 추측을 늘어놓는 것이다. 발표 자료를 만들 때도 마찬가지다. "~할 것이다", "~인 것 같다", "~인 듯하다", "~까 싶다" 하는 말투는 쓰면 안 된다. "매우, 엄청, 대단한" 하는 말도 금물이다. 보고서는 팩트만을 전달하고 근거 자료를 명확하게 제시해야 한다. 기사 자료든 책에 나온 자료든 회사 시스템에서 확인 가능한 매출 자료든 누구나 객관적으로 확인할 수 있는 팩트만을 보고서에 제시해야 한다.

그리고 또 한 가지 실수하는 것은 팩트만 주절주절 길게 나열하는 것이다. 판단을 팀장이나 임원에게 맡길 게 아니라 내가 먼저 고민해보고 그 문제의 답을 여러 개 제시해야 한다. 그리고 그 제시한 답안이 모두 좋다고 하는 게 아니라 "이 답을 선택했을 때는 이런 점이 장점이고 이런 점이 단점입니다"와 같은, 판단할 수 있는 근거 자료를 확실하게 제시할 수 있어야 한다.

예를 들어 현업에서 원가관리를 효율적으로 하기 위해 프로그램을 만들어야 한다고 했을 때 그 필요성과 해결책에 대한 보고서를 작성한다면 필요성을 세 가지 이상, 해결책을 세 가지 이상 제시하고 그 해결책마다의 장단점을 제시하는 것이다.

예상 질문을 집요하게

보고를 하거나 발표를 하게 되면 항상 힘들어하는 부분이 예상치 못한 질문이 튀어나올 때 대처를 못해서 기껏 열심히 만든 보고서가 물거품이 되는 일이다. 예상 질문 리스트는 많으면 많을수록 좋다. 발표 자료나 보고서를 만들고 나서 '와, 진짜 잘 만들었어. 이 정도면 되겠는데?' 하고 마치는 것이 아니라 이 부분에서 어떤 질문이 나올지 예상 질문 리스트를 다섯 개 이상 만들어보자. 물론 많으면 많을수록 좋다.

처음에는 발표 자료 하나 만드는 것만으로도 벅차서 그런 생각조차 하기 힘들지만 그럴 때는 앞서 말했듯이 이미 겪어본 선배에게 물어보자. 선배에게 먼저 물어봤다는 건 나중에 보고를 할 때도 방어쿠션을 하나 준비하는 것과 같다. 분명히 팀장이나 임원 중에는 보고서에서 문제를 발견했을 때 "주변 선배들한테는 확인해봤어?" 하고 물어보는 분이 열에 아홉은 나타난다. 그럴 때 "네, 물어봤습니다. 이런 조언을 해줬습니다"라고 말할 수 있다면 그래도 하나의 방어쿠션은 마련한 셈이다.

단순한 게 최고다

시각화를 화려하게 하려는 사람들이 많다. 그래서 내용보다는 시각화에 목숨거는 사람들이 있는데 그런 걸 좋게 보는 분들도 있지만 내용이 부실하다면 이는 전혀 의미가 없다. 도리어 깔끔하고 전달할 것만 요약해서 딱 들어가 있는 것이 좋다. 그렇기 때문에 화려한 폰트와 이미지보다는 요약한 텍스트 위주의 보고서나 발표 자료가 좋다. 뭔가 인과관계를 보여줘야 하는 게 필요하다면 깔끔한 표나 도표 하나 정도면 충분하다. 너무 시각화에 목숨걸지 말자. 내용이 확실하다면 그런 건 전혀 중요하지 않다.

그리고 자신이 없어서 자기가 할 말을 길게 나열하여 전부 PPT에 넣어버리는 사람들이 있다. 그저 아무 생각 없이 읽기만 하는 발표가 되어버리면 곤란하다. 보고는 알아보기 쉽게 간략하게 요약한 걸 본인의 언어로 말하는 것이고 듣는 사람의 눈을 보고 말을 하는 것이지, PPT 장표를 보고 읽는 게 아니다. 아무리 좋은 내용이라도 PPT 장표가 가득한 것을 읽기만 하는 보고와 발표는 정말 최악이다. "단순한 게 최고다"라는 말을 꼭 기억하자.

글쓰기를 잘하기 위한 노력

내가 항상 팀장님으로부터 듣던 잔소리 중에 하나가 "신문 좀 봐"라는 말이었다. 어휘력이 달려서 단어 선택이 고급스럽지 못하다는 지적이 많았다. 글쓰기를 잘하기 위해서는 논리적인 글을 많이 봐야 한다. 판타지 소설이나 추리 소설보다는 논리적인 글이 많이 담긴 자기계발 책이나 신문 사설 등이 도움이 된다. 그런 책과 글들은 팩트만을 가지고 논리적인 내용을 쓰기 때문에 자연스럽게 배우게 되고 자연스럽게 어휘력도 향상된다.

개발자들은 코딩만 신경쓰기 때문에 이런 노력을 잘 안 하게 되는데, 자소서를 쓰는 것부터 글쓰기고 면접 또한 요즘엔 피티 면접을 보기 때문에 발표 자료를 잘 만드는 것도 중요한 능력이다. 그리고 업무 능력을 인정받아 승진하기 위한 발판으로 삼을 수 있는 것도 보고 능력과 발표 능력이다. 어떤 개발자를 위한 책들에서도 이런 내용은 잘 언급을 안했을 것인데 난 이 능력 또한 개발 능력 못지않게 정말 중요하다고 본다.

중간보고 습관은 승진의 지름길

앞서 보고서에 관련한 여러 가지 팁을 말했는데 가장 중요한 습관 한 가지가 있다. 바로 중간보고 습관이다. 딱 한 번만, 그것도 보고 기한이 다 되어서야 보고하는 사람들이 많다. 그러나 기한에 딱 맞추기보다는 이틀이나 사흘 전에 초안을 만들고 한 번 중간보고를 하는 게 좋다. 그럼 본인이 설령 니즈를 잘못 파악해서 작성했다고 해도 수정할 수 있는 시간을 벌 수 있고 이렇게 중간보고를 하는 그 행동 하나만으로도 센스를 인정받을 수 있다.

나도 이 점은 힘들었다. 선배들과 많이 얘기하고 싶지 않았던 이유가 얘기할 때마다 욕만 먹기 때문이었다. 그래서 얘기하기 싫은 경우가 많았는데 아이러니하게도 많이 얘기할수록 그만큼 나의 평판도 올라가고 더 인정받게 되는 것이었다. 여러분은 그런 시행착오 없이 회사에서 인정받는 개발자가 되기를 바란다. 그리고 이 습관은 본인이 스스로 돈을 벌게 되어도 고객에게 중간 피드백을 주는 습관으로 이어져 더 인정받도록 도와줄 것이다. 어쩌면 지금까지 얘기한 어떤 팁보다 가장 중요한 것일지도 모르겠다. 지금까지 강조한 말하기와 글쓰기만 잘해도 억대 연봉은 당신의 예상보다 빠르게 다가올 것이라 확신한다.

성공을 가져다주는 습관의 노하우

잠재의식으로 부자가 된다?

책을 사면 북콘서트 티켓을 주는 이벤트에 참여했지만 일정상 직접 가지는 못하고 유튜브 라이브 링크를 통해 북콘서트를 시청했다. 책은 켈리 최 저자의 《웰씽킹》(켈리 최 저, 다산북스, 2021)이었다. 유튜브를 통해 켈리 최 저자를 우연히 알게 되었고 영상들을 빠져서 보다가 책을 사면 티겟을 준다는 소식을 듣고 바로 구매하고 참여하게 되었다.

나 스스로 돈을 벌겠다고 다짐하고 나서 자기계발 책을 많이 보고 있는데 부자들의 성공 법칙들에 대해서 많이 보게 되었다. 그런데 뭔가 실질적으로 이렇게 해야 한다는 현실적인 법칙보다 공통적으로 나온 게 잠재의식에 관한 것이었다. 켈리 최 저자의 책에도 역시 이 내용이 나와 있다. 골자는 이렇다. "매일 자기가 이루고 싶은 목표를 언제까지 이룰 건지를 쓰고 상상하면 그 목표가 무조건

이루어진다." 이런 것들을 믿지 않는 사람들은 좀 뜬구름 잡는 이야기라고 생각이 들 수도 있는데 실제로 수조 원, 수천억 원을 번 부자들이 공통적으로 다 말하는 내용이라 어느 정도 근거가 있는 이야기다.

그들은 뇌과학을 연결지어 이야기한다. 우리의 뇌는 하루에도 수만 가지 생각을 하는데 그 생각을 하나의 목표에 집중하면 꿈을 꾸는 시간까지도 그 목표를 이루기 위한 시뮬레이션을 그리고 있다고 한다. 그러면 자연스럽게 그 목표를 향해 달려가게 되고 결국 그 목표를 이룰 수 있다고 말하고 있다. 그리고 우리가 부자가 되지 못하는 가장 큰 이유는 잠재의식 속에 '나는 부자가 될 수 없다'라는 인식이 깔려 있기 때문이라고 한다. 학교 교육을 받은 사람들은 공부를 잘하고 좋은 직장에 들어가거나 공무원이 되어야 안정적인 삶을 살 수 있다고 믿고 사업은 위험한 것이라고 믿고 있다. 그리고 그렇게 믿는 사람들이 주변에 있기 때문에 그 잠재의식에서 더 벗어나기 힘들다고 말한다. 여러분은 어떠한지 마음속을 한 번 들여다보도록 하자.

벌고 싶은 금액과 날짜를 적어보자

대부분의 사람들은 '억대 연봉자가 되고 싶다', '수입차를 사고 싶다', '펜트하우스에 살고 싶다' 하는 꿈을 꾼다. 하지만 꿈만 꾸고 진짜 부자가 되려고 하지는 않는다. 직장을 다니는 지금의 내 삶을

탓하며 이 굴레에서 벗어나고자 하는 꿈을 가지고 있다. 그런데 벗어나기 위해 진짜 움직이지는 않는다.

언제까지 얼마를 벌고 싶은지 한번 적어보자. 그리고 진짜 그 금액을 달성하기 위해 가장 먼저 내가 지금 당장 할 수 있는 액션 플랜을 세워보자. 자기계발 책을 읽는 것도 도움이 될 수 있겠고, 스스로 돈을 벌기 위한 강의들을 들어볼 수도 있을 것이다. 아니면 지금 하는 분야에서 내가 최고가 될 수 있도록 더 발전하는 데 투자할 수도 있다. 그 분야에서 최고가 되면 돈은 무조건 따라오게 되어 있다.

자기계발 책들에 공통적으로 많이 나오는 이야기가 있다. "이렇게 다 얘기해줘도 결국 90% 이상은 실행하지 않는다." 여러분도 그러한지 살펴볼 필요가 있다. 자기계발 책이라도 읽으면 다행이긴 한데 읽고 나서 그 순간만 감명받고 도통 실천하지 않는다. '와, 나도 이렇게 하면 부자가 될 수 있을 것 같아'라고 생각은 하는데 바로 실행에 옮기는 사람은 극소수다. 목표를 적는 행위는 1분이면 되고 상상하는 것도 1분이면 충분하다. 지금 당장 적고 매일 실행해보자. 나는 최근에 간다 마사노리의 《비상식적 성공 법칙》(간다 마사노리 저·서승범 역, 생각지도, 2022)을 읽고 그 책에 나온 이야기들을 하나하나 실행해보고 있다. 내가 가까운 미래에 현실적으로 달성할 수 있는 목표들을 10개 정도 매일 밤 적고 잔다. 그리고 실제로 그 목표들이 이루어졌을 때를 상상한다.

부정적인 생각은 한켠에 접어두고 내가 언제까지 얼마를 벌 것인지 목표를 매일 적고 그 목표를 이뤘을 때를 상상하며 잠들어보자. 우리가 그게 이뤄진다는 말을 믿든 안 믿든 정신적으로는 정말 나아질 것 같지 않은가? 그리고 부자들이 이 습관으로 부자가 됐다는데 속는 셈 치고 한번 해볼 만한 가치가 있지 않을까?

억대 연봉을 꿈꾸는 우리가 먼저 해야 할 일

언제까지 얼마를 벌고 싶은가? 혹시 아직도 억대 연봉은 남의 얘기라고 생각하고 있지는 않나? 그 잠재의식이 나를 부자가 되지 못하게 만든다는데 오늘부터라도 생각을 바꿔보면 어떨까?

나는 이 책에서 최신 IT 트렌드를 따라 잡 스페이스를 확장하고 누구나 다 억대 연봉을 꿈꾸는 현실적인 방법을 소개하려 애썼다. 그런데 그러기에 앞서 여러분이 가장 먼저 해야 할 일은, 정말 그럴 수 있다는 믿음을 갖는 것이다. 그 믿음을 가지고 몇 년 후에 내가 얼마를 벌겠다는 목표를 오늘이라도 당장 세워보자. 그리고 진짜 그 로드맵을 한 걸음씩 걷는다고 생각해보자. 얼마나 가슴 뛰는 일인가. "니가 무슨 억대 연봉이야? 니가 무슨 부자가 돼? 지금 직장이나 열심히 다녀" 하는 주변의 잡음은 접어두고 같은 목표를 향해 가는 사람들을 많이 곁에 두자. 나 또한 그런 환경을 만들기 위해서 '아이티리치'라는 네이버 카페를 만들어놓고 그런 분들을 내 주변에 두고 함께 걸어가려고 한다.

여러분도 나와 같은 길을 걷고 싶지 않은가? 이 책이 단순히 IT

취업이나 창업 방법만을 습득하는 책이 아닌 정말 여러분이 부자가 되기 위한 첫걸음을 내딛는 계기가 되기를 바란다. 아무것도 아닌 나도 이렇게 걸어가기 시작한 이 길을 여러분들이 못 갈 이유가 없다. 여러분도 꼭 억대 연봉을 버는 부자가 될 수 있다고 난 확신한다. 오늘 당장 아무 종이에나 언제까지 얼마의 돈을 벌지 적어보고 그 미래를 상상하며 나와 같이 부자로 가는 길을 걸어보자.

부록

IT 전직에 관한 열두 가지 Q&A

부록

IT 전직에 관한 **열두 가지 Q&A**

Q1. SAP ERP 컨설턴트는 무슨 일을 하나요?

> 스물여섯 살 취준생입니다. 정말 IT 업계에 대해서 아무것도 모르다가 지인의 소개로 SAP 아카데미에 지원하려는 사람입니다. 우선 SAP ERP는 크게 컨설턴트와 개발자로 나뉘는 것으로 알고 있는데 건설을 예로 들면 개발자는 집을 짓는 사람이고 컨설턴트는 설계 도안을 만드는 사람으로 이해하고 있습니다. 개발자는 우리가 아는 코딩으로 직접 프로그램을 짜는 사람인데 컨설턴트는 무엇을 하는지 모르겠습니다. 어떤 일을 어떻게 하는지 실제 업무를 예시로 설명해주면 정말 좋겠습니다. SAP ERP 컨설턴트는 무슨 일을 하나요?

A1. SAP ERP 컨설턴트는 회사에서 직접 이 부서를 운영하는 경우 헬프데스크 역할을 많이 합니다. 사용법을 잘 모를 경우나 사용하다가 문제가 생겼을 때 이 부분을 해결해주는 역

할을 하는 것이지요. SAP ERP 컨설턴트는 모든 분야를 다루는 건 아니고 판매, 구매, 생산, 인사, 회계, 자금, 원가 등 세부적으로 역할이 나누어져 있습니다.

저는 판매 분야의 컨설턴트를 했습니다. 해당 업체가 물건을 팔고 그 내역을 프로그램에 입력하고 세금계산서를 끊고 하는 일련의 과정을 하는 도중에 문제가 생기면 해결하는 역할을 했지요. 물건 판 걸 입력하다가 단위를 잘못 넣어서 매출이 뻥튀기되거나 돈이 잘못 나가는 경우도 자주 발생하는데 그때는 그 부분을 취소하고 다시 입력할 수 있도록 도와주는 일도 제 몫이었습니다. 또 세금계산서를 끊다가 잘못돼서 취소할 경우에도 중간에 문제가 생기면 도와주었습니다. 가장 중요한 업무 중 하나가 필요한 프로그램이 생기면 설계해주고 개발자에게 개발을 맡기는 일입니다. SAP ERP는 각 파트별로 데이터를 세분화해서 저장하게 되는데 그 저장 테이블을 세팅하고 설계하는 일도 이들이 하는 일입니다. 특정 상품의 특정 창고에서의 물류 현황을 조회하는 프로그램을 만든다고 할 때 그 테이블을 어떤 조건으로 불러오게 하는지를 설계하는 역할을 하는 것입니다.

현업에서 ERP 화면을 어떻게 설계하면 좋은지 정확히 설명해주는 경우도 있지만 아닌 경우가 더 많기 때문에 현업과 계속 소통하면서 같이 설계를 해나가는 경우가 많습니다. 그런데 대기업이 아닌 중견기업 정도는 전산실 규모가 작아서 컨설턴트가 직접 개발을 하는 경우도 많습니다. 실제로 설계를 할 때도 개발 지식을 필요로 하기 때문에 개발 언어인 아밥 언어는 기본소양으로 갖추고 있어야 합니다. 회사 전산실에서 SAP ERP를 직접 운영하지 않고 외주로 맡길 때는 앞서 말한 업무도 하고 SAP ERP를 신규로 도입하거나 웹형으로 업그레이드를 하는 경우 그 회사에 맞게 커스터마이징(Customizing) 작업이 필요한데 이때는 여러 명의 컨설턴트가 출장을 나가서 프로젝트를 진행하기도 합니다.

Q2. SAP 직업의 전망이 궁금합니다.

스물네 살 취준생이고 컨설턴트에 관심이 있어서 질문합니다. SAP 관련해서 전망을 어떻게 하고 있나요? 앞으로 이 직업을 선택하면 비전이 있을까요? 현재 저는 IT 관련 경험은 없는 상태입니다. 하지만 아직 젊으니 도전해보고 싶습니다. 단, 전망이 밝다는 확신 같은 게 없어서 조금 도전이 꺼려집니다. 전망이 밝다면 20~30년은 이 분야에 몸담아도 되는지도 궁금합니다.

A2. 전망은 밝습니다. 지금도 전 세계 1위 업체이고 국내 대기업들의 대부분이 SAP ERP를 쓰고 있습니다. 국내에서는 '더존'이 치고 올라오는 추세이긴 하지만 SAP ERP 또한 계속해서 투자하고 있고 다양한 기술들을 접목시키고 있기 때문에

역전은 쉽지 않다고 봅니다. SAP ERP는 단독으로 쓰이기보다는 다른 시스템과 연동해서 쓰이는데 그 연동하는 레퍼런스에 SAP ERP가 압도적으로 많기 때문에 타 시스템과의 연동 측면에서도 SAP ERP를 대체하긴 쉽지 않아 보입니다.

다만, SAP ERP도 단점은 있습니다. 기존 SAP ERP의 화면이 너무 구식이기도 하고 느린 데다가 직관적이지 않고 불편합니다. 하지만 이 문제는 몇 년 전에 출시된 'SAP S/4HANA Cloud ERP'로 많이 해결되었고 커스터마이징을 통해 웹상에서 더 편리한 화면을 만들어서 사용하는 것도 가능합니다.

또 하나의 가장 큰 문제가 SAP ERP의 라이선스가 너무 비싸서 이탈하려는 고객들이 있다는 점입니다. 라이선스는 한 번 사면 된다 치지만 모든 시스템에는 유지보수 비용이라는 걸 매년 지불해야 합니다. 버전 업그레이드 및 사후 서비스를 지원하는 비용인데 구매 금액의 10%가량을 요구하는 경우가 많습니다. SAP ERP 라이선스가 한 카피에 수천만 원인데 수백명의 직원이 근무하고 있다면 매년 내는 유지보수 비용만 억대입니다. 그런데 이 문제는 SAP ERP 유지보수만 전문적으로 하는 업체들이 생겨나면서 훨씬 저렴한 가격으로 유지보수를 할 수 있게 되었습니다.

최근에도 현대자동차나 SK하이닉스 등의 기업에서 SAP ERP를 HANA 버전으로 업그레이드하면서 인력을 많이 채용했습니다. 앞서 한국수력원자력, CJ대한통운, 웅진, 야놀자 등도 구축을 했습니다. 이런 기업들에서는 외주를 쓰기보다 인력을 직접 채용해서 쓰는데 SAP ERP 관련 인력이 충분하지 않다 보니 SAP ERP 컨설턴트의 연봉이 높아졌습니다. 최근에 제가 다니던 회사에서도 경력직을 뽑으려고 했는데 연봉이 너무 올라가서 외주를 맡기는 게 낫겠다고 판단할 정도였습니다.

한국은 대기업을 중심으로 이제 업그레이드를 시작하는 단계지만 앞서 인도와 호주, 동남아에서는 이미 많은 기업이 업그레이드를 했습니다. 앞으로도 이렇게 업그레이드하는 곳들이 늘어날 것이고 SAP ERP 컨설턴트를 필요로 하는 곳들은 많을 걸로 보입니다.

Q3. SAP ERP 컨설턴트를 하려면 아밥이 최우선일까요?

> 경제학을 전공하는 대학교 3학년생입니다. 요즘 개발자들이 잘나간다고 해서, 저도 전공과는 무관하지만 이쪽 분야로 도전하려 합니다. 그런데 제가 이쪽으로는 전혀 배운 바가 없어서 컴퓨터 언어부터 공부하려고 합니다. SAP ERP 컨설턴트를 준비하려면 어떤 언어부터 공부해야 하나요? 아밥 언어부터 준비하면 되나요?

A3. SAP ERP 컨설턴트는 개발 요청을 받고 프로그램을 설계하는 역할도 합니다. 그렇기 때문에 당연히 프로그램 개발을 할 줄 알아야 합니다. 그래서 선수 과정으로 아밥 언어를

배우는 게 좋습니다.

시중에 아밥 언어를 배울 수 있는 책들이 나와 있으니 책을 보고 먼저 준비해보는 걸 추천합니다. 그래도 아밥에 너무 많은 시간을 빼앗기기보다는 '이런 식으로 하는구나' 하는 감만 익히고 SAP ERP 각 파트에 대해서 세부적으로 공부해보길 바랍니다. 단독으로 하나만 알아서는 안 되고 결국엔 다 연결되어 있기 때문에 판매 컨설턴트라도 회계, 원가, 구매, 생산이 다 물려 있습니다. 그래서 전체적인 그림을 파악하는 게 중요합니다. 대부분 취업하는 데 있어서는 어느 정도 시스템에 대한 감만 가지고 가서 결국 회사에서 많이 배웁니다. 따라서 너무 부담가지지 말고 기초적인 것들을 배워서 서류나 면접에 활용할 수 있도록 준비해보는 걸 추천합니다.

Q4. 비전공자 문과 출신이 SAP 쪽으로 진로를 잡으려면 무슨 일부터 해야 할까요?

비전공자 문과 출신인데 SAP 컨설턴트 관련해서 궁금한 게 있습니다. 보통 SAP 컨설턴트 채용공고를 보면 경력자를 찾는 게 대다수인데 처음에는 경력을 어떻게 쌓나요?

A4. 처음에는 SAP ERP를 사용하는 회사에 신입사원 공채로 전산실 쪽에 들어가거나 SAP ERP만 전문적으로 하는 외주업체에 들어가서 경력을 쌓을 수 있습니다. 예를 들면 'ASPN'

같은 곳이 대표적입니다. 외주 업체 쪽에 들어가면 아밥 개발자 교육을 처음 2~3개월 정도 시켜주고 그 안에서 파트를 배정받고 업무에 투입되곤 합니다. 그런 데서 경력을 쌓아서 대기업이나 중견기업 전산실로 이직하는 사례들도 꽤 있습니다. 그런데 야근도 많고 워라밸은 잘 안 지켜지는 경우가 많아서 대기업·중견기업 공채로 들어갈 수 있으면 그게 제일 좋습니다.

Q5. 수학을 못하는 고1, 코딩을 배울 수 있을까요?

고등학교 1학년인데 이른바 '수학 머리'가 전혀 없습니다. 중학교 때부터 수학 공부에 구멍이 생기기 시작했는데, 그 부분을 미처 메우지 못했습니다. 현재 내신 점수는 평균 정도 나오고 모의고사는 4~5등급입니다. 수학 머리가 없는 것인지, 중학교 때부터 기초가 부족한 것인지, 아니면 둘 다인지 모르겠습니다. 그래도 코칭을 배워 이쪽 분야로의 진로를 꿈꾸고 있습니다. 저 같은 수학 약체가 코딩을 배우려면 얼마나 걸리나요?

A5. 요즘 "코딩을 하려면 수학을 잘해야 한다"라는 말이 많이 나오다 보니 코딩을 접하는 걸 미리 어려워하는 학생들이 많습니다. 그런데 코딩은 수학 머리가 전혀 없어도 할 수 있습니다. 그 이유를 설명해볼게요. 만약 우리가 홈페이지에서 회원 가입을 할 때 열 글자 이상이 들어가면 안 되도록 프로그램

을 짠다고 생각해봅시다. 그럼 입력하는 글자 수를 받아서 10이 넘지 않도록 부등호를 붙여주는 코딩을 하게 됩니다. 코딩은 이처럼 아주 기본적인 것에서부터 시작합니다. 이런 부등호 식을 만드는 데 수학 머리까지 필요하지는 않지요. 뛰어난 수학 머리를 요하는 코딩은 나중에서야 필요할 수는 있습니다. 그러나 처음 코딩을 시작할 때는 전혀 수학 머리까지 필요로 하지 않습니다.

도리어 코딩을 하다 보면 스스로 제대로 작동하게 하기 위해 머리를 굴리면서 수학적 능력을 향상시킬 수 있습니다. 고등학교 졸업하자마자 업계에서 일할 것이 아니잖아요? 천천히 실력을 쌓아가다 보면 대학을 졸업할 때쯤엔 충분히 실력이 쌓일 수 있습니다. 제가 전산실에 들어갔을 때 코딩을 얼마나 할 줄 알았을까요? 솔직히 말해서 웹개발이라는 스펙을 요구하는 곳이 아니었기 때문에 아예 모르고 들어갔습니다. 들어가서 배웠고, 혼자 구글링을 하면서 배웠고, 혼자 코딩을 하고 새로운 프로그램 개발 언어를 습득했습니다.

요즘은 무료로 배울 수 있는 사이트들도 많이 나와 있기도 하고 괜찮은 강의들도 꽤 저렴한 가격에 많이 올라와 있으니 너무 조급해하지 않아도 언제든 시작할 수 있습니다. 수학 머리에 상관없이 가르치는 대로 따라서 입력하고 이해하면 1년 안에는 신입으로 지원 가능하도록 충분히 준비할 수 있습니다.

Q6. 초등학생 아이를 개발자로 키우고 싶습니다.

초등학교 6학년을 둔 학부모입니다. 아이가 이쪽에 관심도 많고 저도 아이를 개발자로 키우고 싶은데 지금부터 어떤 준비를 하면 좋을까요? 아이는 학교 방과후 수업에서 코딩을 접한 적이 있습니다. 매우 재미있다고 하고 선생님도 아이가 흥미로워하니 이쪽으로 좀 더 흥미를 발전시켜주라고 하십니다. 지금부터 어떤 준비를 하면 좋을까요? 또 어떤 방법으로 아이를 이끌어주어야 할까요?

A6. 코딩은 초등학교 아이가 배워도 무리가 없을 정도로 입문 과정의 허들이 높지 않습니다. 그런데 너무 서두를 필요는 없다고 생각합니다. 초등학교 때 배워서 중학교 때 개발자로 일할 건 아니니까요. 스크래치나 아두이노, 마이크로비트 같은 걸로 로봇코딩을 하며 재미있게 하는 것도 좋고요. 무엇보다 초등학생이라면 최대한 즐겁게 배우는 것이 가장 좋습니다.

코딩이라는 걸 목적으로 두기보다는 코딩을 배우면서 아이의 사고력을 키워주고 아이의 적성에 맞는지를 보면서 천천히 준비시키는 게 좋습니다. 코딩을 재미있어하고 신기해한다면 즐겁게 배울 수 있도록 시켜보세요. 지금 고난이도의 기술을 배운다고 해도 안 쓰면 결국 까먹게 되어 있습니다. 집중해서 코딩을 배우면 신입으로 입사하기까지 그렇게 시간이 많이 소요되지 않습니다. 어릴 때부터 너무 어려운 걸 배울 필요도 없고 꾸준히 흥미를 잃지 않게끔만 유지해주면 아이도 적성을 느낄 것입니다. 그러고 나서 본인이 스스로 대학교에 들어가고 취업할 때가 되면 자연스레 본인의 의지로 개발자를 하게 될 겁니다.

Q7. 개발자를 그만두고 싶습니다.

> 현재 개발자로 일하고 있습니다. 11년 차가 되었고 전산회사에서 일하고 있어요. 그런데 저는 오히려 개발 일에서 손을 떼고 싶습니다. 개발 일을 계속하고 싶지 않아서입니다. 몸도 힘들고, 무엇보다 제게 이 분야가 맞는지 진지하게 고민이 됩니다. 제 꿈은 창업입니다. 그런데 자금이 부족합니다. 돈 없이 창업하는 게 가능할까요? 정부지원제도를 활용하고 싶은데, 채택되기는 어려운가요?

A7. 개발 일이 참 고되기 때문에 개발 일보다는 나와서 창업을 하고 싶어 하는 분들이 참 많습니다. 창업을 하려면 자금이 필요한데, 특히 IT 쪽의 경우 정부지원제도도 많은 편입니다. 그런데 제도를 활용하고 싶어도 워낙 경쟁률이 높기 때문에 창업을 어떤 방식으로 해야 하는지 고민하는 분들이 많은 게 현실입니다. 또 정부지원제도라고 해도 돈을 거저로 주는 게 아니라 훗날 사업에 성공하고 나서 돈을 갚아야 하는 구조이니 공짜인 것도 아닙니다. 개중엔 돈을 그냥 주는 것도 있지

만 그쪽 경쟁률은 훨씬 더 높습니다. 기술력이 월등히 높거나 아이디어가 뛰어난 창업팀에 주로 주어지기 때문에 처음 사업을 시작하는 사람들이 이에 해당되기는 쉽지 않습니다.

그래도 자본이 필요한 사업을 계획한 경우라면 사업계획서를 철저히 준비해서 심사를 받을 수는 있습니다만 저는 그다지 추천하지 않습니다. 이게 될지 안 될지 잘 모르는 상황에서는 이렇게 지원을 받아버리면 돌아갈 수 없는 강을 건너는 것일 수 있습니다. 따라서 무자본으로 가설 검증을 하는 과정을 꼭 해볼 것을 권장합니다. 이 가설 검증 과정은 제가 얼마 전에 참여한 라이프해킹스쿨 창업 부트캠프를 통해서 배웠습니다.

만약에 코딩학원을 차린다고 한다면 한 지역을 선정해서 그 지역 맘카페에 세미나 공지를 올려보는 겁니다. 이후 관심 있는 부모들을 모아 세미나를 열고 모인 사람들을 중심으로 그룹 과외를 먼저 시작해봅니다. 그래서 지역에 입소문이 나기 시작해서 그룹 과외에 모이는 사람들이 점점 많아진다면, 그 코딩학원 사업은 될성부른 사업이 되는 것이지요. 물론 세미나를 열기 위해 발품을 팔고 그룹 과외 티칭도 본인이 직접 하고 상담도 직접 해야겠지만 편하게 시작하는 사업은 자본이 충분하지 않다면 불가능합니다. 리스크를 최소화해서 가설을 검증해보고 '이건 되겠다' 하는 생각이 들 때 비로소 정부지원제도에 지원해서 자본을 갖고 시작해보는 겁니다.

물론 가장 안전한 것은 직장 생활로 시드머니를 모은 뒤에

창업하는 것이겠지만 그럼에도 정부지원제도는 매력적입니다. 가설 검증을 마친 후 '이건 될 거야'라는 확신이 드는 사업이라면 꼭 한번 도전해보길 바랍니다. 혼자 하기 힘들다면 무료이거나 소액을 받고 코칭을 해주는 강의도 많이 있으니 잘 찾아보고 참고해보시면 좋을 듯합니다.

Q8. SI와 SM 중 어디를 가야 할지 고민입니다.

저는 비전공자로 금융업계에서 1년 남짓 일하고 재취업을 준비하다 개발자 진로에 관심을 두게 되었습니다. 우연한 계기로 'SYNC(SAP Young Next Cloud Academay) 프로그램'을 알게 되었습니다. 현재 SYNC 교육과정을 들으며 아밥 개발자를 준비하고 있는데 이후 SI와 SM 중 어디를 가야 할지 고민입니다.

개발자 진로가 크게 이렇게 두 가지로 나뉜다고 알고 있습니다(SAP 모듈컨설턴트는 신입은 어렵다고 들어서요). 성장, 연봉 상승에는 SI가 좋다는 말을 들었는데 자바 쪽 SI 업체에서 일하고 있는 친구가 높지 않은 연봉에 지금까지 2년 넘게 출장다니며 밤낮 할 것 없이 고생하는 모습을 봐서 좀 걱정이 되네요. SM 쪽은 상대적으로 덜 힘든 환경이라 들었는데 성장, 연봉 등 장단점이 있을 거라 생각합니다. 또 최근에 SAP 모듈 관련 특강을 들었는데 신입 개발자가 입사 후에 모듈을 선택해서 일할 수 있는지도 궁금합니다.

A8. SI(System Integration) 시스템 통합 분야와 SM(System Management) 시스템 관리 운영 분야 중에 어디를 가야 하는지 고민하는 질문이네요. SAP ERP는 SI와 SM 각각 장단점이 있습니다. SI는 걱정대로 야근이 많을 수 있습니다. 을의 입장이기 때문에 고객의 요청이 있으면 무조건 야간이든 주말이든 처리를 해야 하는 경우가 종종 발생합니다. 그러나 SI는 처음에 일을 체계적으로 배우기에는 좋습니다. SAP ERP는 SD, MM, PP, FI, CO같이 판매, 구매, 생산, 회계, 원가 등의 각각의 분야로 나뉘어지는데 SI 업체는 한 모듈당 전문가들이 많이 모여 있기 때문에 혼자 해결하기 힘든 문제가 발생했을 때 도움을 요청할 선배들과 동료들이 많이 있습니다. 그리고 여러 고객들을 상대하면서 다양한 케이스에 대해서 경험할 수 있다는 장점이 있습니다.

그러나 야근과 넉넉지 않은 급여 때문에 SM을 더 선호하시는 분들도 많습니다. SM은 예상하시듯이 SI보다는 워라밸이 괜찮은 편이고 급여도 SI보다는 더 높은 경우가 많습니다. 회사 SAP ERP 내에 있는 모든 소스들을 볼 수 있기 때문에 혼자 공부하기에 좋은 이점도 있습니다. 그러나 SAP ERP를 체계적으로 배워서 업무를 하는 사람이 드뭅니다. 그저 땜빵 식으로 들어가서 겪으면서 배우는 경우가 많고 문제가 생겼을 때 구글링을 해서 문제를 찾아내는 경우가 많습니다. 제대로 업무 인수인계를 받기도 쉽지 않고 혼자 공부하면서 업무를 해야 하기 때문에 실력을 쌓기 좀 힘든 부분이 있습니다.

그리고 가장 큰 문제는 SI보다 SM 쪽이 취업 시 허들이 더 높을 수 있다는 점입니다. 비전공자가 지원할 경우 역량을 확인하기 위해 더 깐깐하게 볼 수 있습니다. 그래서 가장 이상적인 건 SI에서 조금 고생하더라도 몇 년 정도 일을 체계적으로 배워서 경력직으로 이직하는 것을 추천합니다. SAP ERP는 대기업, 중견기업에서 많이 활용합니다. 특히 제조 분야에서 활용을 많이 하고 있습니다. 그쪽은 수시로 경력직을 채용하기 때문에 SI에서 역량을 제대로 쌓아서 본인의 포트폴리오를 잘 만들어놓으면 충분히 대기업에도 경력직으로 들어갈 수 있습니다. 또는 국내 유명한 회계법인들에서도 SAP ERP를 잘 활용하는 사람들을 많이 뽑습니다. 회계법인도 연봉이 괜찮은 편입니다. 그런 곳들에 들어가기 위해서는 SM에서 어설프게 배우는 것보다는 SI에서 제대로 배워서 확실히 역량을 쌓아놓는 편이 더 유리합니다.

신입 같은 경우에 SAP ERP 모듈을 골라갈 수 있냐는 질문도 해주셨는데 골라갈 수 있습니다. 본인이 희망하는 모듈이 있다면 담당 팀장에게 미리 얘기할 수 있습니다. 그러나 무조건 본인이 원하는 모듈을 하는 건 아니고 인력이 많이 부족한 모듈을 권고할 수는 있습니다. 그러나 신입의 의견을 무시하고 강제로 시키지는 않기 때문에 본인이 꼭 하고 싶은 분야가 있다면 충분히 얘기해서 조정할 수 있습니다.

Q9. 연봉을 올리고 싶습니다.

> 개발을 잘하는 개발자가 되어서 연봉을 잘 받고 싶어서 연봉 3천만 원의 풀스택 개발을 하다가 제 실력에 대한 회의로 퇴사하고 다시 공부하고 있습니다. 풀스택이 아닌 백엔드 개발자로 연봉 4천만 원 이상을 목표로 다시 취직하려고 준비 중입니다(프론트 쪽보다는 백엔드 쪽에 좀 더 흥미가 있다고 느껴서 선택했습니다). 저에게 억대 연봉은 너무 멀어 보이지만 '공부를 많이 하고 시간 투자를 많이 하면 언젠가는 되겠지' 하고 막연하게 생각하고 있습니다. 그 시간을 조금이라도 줄일 수 있는 구체적인 절차가 있을까요?

A9. 백엔드 쪽으로 전향하는 것 때문에 고민이 많으실 텐데 사실 주니어 때는 풀스텍보다는 하나의 언어에 집중하는 게 좋습니다. 그런 의미에서 백엔드에 집중하는 건 좋은 전략으로 보입니다. 또 그쪽에 흥미가 있는 것 같다고 하시니 더 좋습니다. 이직을 할 때는 포장을 잘하는 게 중요합니다. 무엇보다 구축 경험이 중요합니다. 회사에서 참여한 프로젝트 속에서 어떤 장애가 발생했을 때 어떤 식으로 수정해나갔고 문제 해결을 했다는 구체적인 사례들이 들어가면 좋습니다. 소통 능력과 문제 해결 능력을 중요하게 보기 때문입니다.

그리고 억대 연봉을 만들 수 있는 가장 빠른 방법은 우선 부가적인 수익을 창출할 수 있는 수단을 배우는 데 투자하고 바로 실행에 옮기는 것입니다. 보통 그게 너무 먼 얘기 같고 실행을 두려워해서 시작하지 못하는데 일단 투자하고 시작하면 그걸로 부수입 수단이 생기는 겁니다. 보통 대부분 그걸 실제 수익화로 이루지 못하는 건 결국 실행을 안 하기 때문입니다. 일단 어딘가에 투자하고 배워서 꼭 실행해보시기를 추천드립니다. 코딩 실력을 키우는 것도 중요하지만 그것보다 몇 배는 더 빠르게 연봉에 플러스할 수 있을 겁니다. 분야는 지식창업 분야를 추천합니다. 본인이 지금 취업한 이력이 있고 할 줄 아는 프로그램 언어가 있으니 그걸 필요로 하는 사람들을 마케팅을 통해 모으고 강의를 하면서 수익을 창출하면 역량을 키우는 데도 도움이 되고 그걸로 연봉에 플러스할 수 있습니다.

Q10. 가장 빠르고 효과적인 이직 방법을 알고 싶습니다.

현직 인증 모듈 솔루션 유지보수 업체에서 근무 중인 직장인입니다. 이곳에서는 언어를 깊게 들어가지 않아 한계가 빨리 찾아옵니다. 언어 능력은 기본기만 있는 상태에서 이직을 하려고 하는데, 좋은 이직 방법은 무엇인지, 뭐를 공부해야 할지 궁금합니다.

A10. 기본기만 있는 상태라고 해도 잘 포장하는 게 중요합니다. 회사에서 뭔가 구축하는 프로젝트에 참여했다든지 유지보수니까 어떤 문제를 얼마 만에 해결을 했다든지 구체적인

구현기술 등을 잘 포장해보세요. 그리고 잡 사이트에 그걸 올려놓으면 헤드헌터들이 급히 필요로 하는 곳들을 연결시켜줄 겁니다.

'네카라쿠배당토직야'보다는 그래도 한 명이라도 급한 데가 더 취직하기 유리합니다. 그 회사들 중에 유지보수 쪽이 아닌 곳들을 골라서 가는 게 좋습니다. 그래도 더 실력을 키우고 싶다고 하면 모각코(소프트웨어중심대학사업단의 자발적 학습 프로그램인 '모여서 각자 코딩'을 말함) 같은 데서 팀으로 포트폴리오를 만들어보는 걸 참가해서 뭐라도 프로젝트 경험을 추가하는 걸 추천합니다. 그러고 나서 다른 팀원이 코드를 짠 걸 보고 새로운 걸 배울 수도 있습니다. 유지보수를 하는 곳들은 수정만 보통 하다 보니 처음부터 구축해볼 경험이 잘 없습니다. 따라서 앞서 말한 팀프로젝트 경험을 통해서 뭐라도 하나 결과물을 만들어보는 게 중요합니다.

Q11. SAP ERP 모듈 컨설턴트 중 어떤 분야 수요가 많은지 궁금합니다.

> 비전공자로 현재 회사에 다니고 있는데, 퇴사하고 SAP ERP를 준비해서 이직해보려고 합니다. 컨설턴트로 가보고 싶은데 판매, 구매, 생산, 회계 등 여러 분야가 있다고 들었습니다. 어떤 모듈 컨설턴트의 수요가 많은 편인가요? 선택할 때 주의할 점이 있을까요?

A11. CO(관리 회계)와 FI(재무 회계) 쪽의 수요가 그래도 많습니다. 재무 지식이 동반되어야 하고 난이도가 있어서 마스터하기 쉽지 않기 때문에 기업들이 자체적으로 운영 인력을 보유하기가 쉽지 않습니다.

실제로 모듈별로 구하는 채용공고들을 봐도 CO나 FI의 인력을 채용하는 사례들이 많습니다. MM(자재 관리) 쪽도 자체 인력을 쓰는 경우가 많지만 전문적으로 관리해줄 컨설턴트를 구하는 사례들이 있습니다. 대표적으로 수요가 있는 몇 가지 모듈을 말하기는 했지만 어느 모듈이나 필요로 하는 회사들이 있고 한 가지 모듈만 알아서는 안 되고 모두 연결되어 있기 때문에 다른 모듈에 대한 지식도 일부 필요합니다.

그러니 '이 모듈 잘나가니 이것만 해야지'라고 생각하기보다는 본인의 적성에 맞고 좀 더 잘할 수 있는 모듈을 잘 준비해나가면서 주변 모듈도 관련된 것들을 같이 공부해나가는 자세가 중요합니다. 물론 아직 SAP ERP 업무를 해본 적이 없다면 모듈 컨설턴트 과정을 미리 듣는다고 해서 모두 이해하기는 쉽지 않습니다. 신입이 모듈 컨설턴트로 바로 들어가는 사례는 흔치 않습니다.

보통은 기초적인 아밥 지식이나 SQL 지식을 쌓아서 들어가고 난 후에 사수가 있다면 특정 모듈 컨설턴트 일의 인수인계를 받는 형태입니다. 외주 업체에 들어갔을 경우엔 아밥부터 배우고 특정 모듈 컨설턴트로 배정이 되어서 고객 거래처에 사수와 같이 투입돼서 일을 하면서 배우는 경우가 많습니다. 실제로 데이터가 쌓여 있고 돌아가는 걸 보지 않으면 수백만 원 컨설턴트 교육과정을 배워도 이해가지 않는 부분이 많습니다. 그러니 너무 조급해하지 말고 아밥 개발 언어나 SQL에 관련된 지식 또는 기초 회계 지식을 배워두며 준비하면 좋습니다. 회계 모듈 컨설턴트가 아니더라도 ERP 프로그램이라는 건 결국 돈을 다루는 프로그램입니다. 회계 관련 지식이 없이 ERP의 전반적인 흐름을 모두 알기 쉽지 않습니다. 그래서 저도 판매(SD) 컨설턴트를 하면서 회계 관련 지식 없이 업무하기가 어려웠습니다. 판매할 때 끊게 되는 세금계산서도 회계 지식 없이는 이해하기가 쉽지 않으니까요.

CO, FI 모듈의 수요가 좋다고 말은 했지만 SD 컨설턴트 같은, 조금은 난이도가 낮은 컨설턴트로 시작해서 관련되는 회계 지식을 쌓아서 CO나 FI 컨설턴트로 확장하는 것도 얼마든지 가능합니다. 따라서 '처음부터 잘나가는 모듈을 배워야 한다'라는 부담감은 조금 덜어두고 차근차근 SAP ERP의 전반적인 흐름부터 파악해보는 걸 추천합니다.

Q12. 아밥과 피오리, 독학 가능한가요?

> 비전공자로 회사에 다니고 있는데 클라우드 쪽에 관심이 많아 퇴사 후 SYNC(SAP Young Next Cloud) 과정을 준비해볼까 고민 중입니다. 합격되면 다행인데 불합격되면 혼자서라도 독학해

보고 싶은데 SAP 쪽에 물어보니 아밥은 SQL과 데이터베이스, 피오리(Fiori)는 자바스크립트를 준비해보면 좋을 거라고 합니다. 독학이 가능할까요?

A12. 결론부터 말씀드리면 독학 가능합니다. 다만 독학은 시간이 오래 걸리고 실제로 경험해보기 쉽지 않으니 그런 과정들을 통해 배우는 걸 추천하는 겁니다. SAP에서 안내해준 대로 독학해보는 방법에는 SQL, 데이터베이스, 자바스크립트를 배우는 방법이 있습니다. 세 가지는 아밥과 피오리를 배우는 데 있어서 먼저 알아두면 도움이 되고 돈을 들이지 않고 실습이 가능한 것입니다.

이 책 앞부분에서도 무료 코딩교육 사이트를 참고하라고 언급했지만 SQL, 데이터베이스, 자바스크립트는 '생활코딩'이라고 하는 무료 코딩 강의 사이트가 있습니다. 그 외에도 무료로 들을 수 있는 유튜브 강의도 많이 있습니다. 그런 강의들을 보면 어떻게 본인의 PC에 데이터베이스를 설치하고 SQL을 불러오고 웹서버를 만들어서 자바스크립트를 활용해 어떻게 웹페이지를 띄우는지 상세히 영상으로 설명되어 있습니다.

아니면 저렴하게 책을 사서 따라 해보는 것도 방법입니다. 얼마든지 독학할 수 있는 부분이 있습니다. 왜 아밥과 피오리를 직접 배우지 않고 다른 것부터 배우라고 하냐면 아밥과 피오리는 기업에서 쓰는 ERP를 다루는 프로그램 언어이기 때문에 무료로 배포되어 있지 않아 실습하기는 어렵습니다. 그래서 교육과정을 듣는 겁니다. 그래도 《Easy ABAP》 같은 책을 통해 미리 예습해볼 수는 있습니다. 그래도 직접 실행해보는 건 아니라서 바로 와닿지는 않을 수 있습니다. 만약 그 교육과정을 합격한다고 해도 한 번에 알아듣기는 쉽지 않기 때문에 미리 책을 보고 예습하고 SQL, 데이터베이스, 자바스크립트를 미리 예습해본 상태라면 더 쉽게 와닿을 겁니다.

여기서 왜 SQL, 자바스크립트가 필요한지 간략히 설명해드리면 SAP ERP는 결국 회사에서 쌓이는 데이터들을 다루는 프로그램입니다. 그렇기 때문에 데이터를 어떻게 조합해서 불러오고 분석하느냐가 핵심입니다. 아밥이라는 프로그램 언어는 그걸 구현하는 툴일 뿐인 거고 핵심은 SQL을 어떻게 짜서 ERP 프로그램이 설치된 서버나 클라우드가 설치된 데이터베이스에서 불러오느냐가 핵심인 겁니다. 그렇기 때문에 SAP ERP 컨설턴트도 아밥 개발을 배워야 하는 것입니다. 자바스크립트는 최근에 SAP ERP에서 출시된 웹 버전 ERP인 'SAP S/4HANA Cloud ERP' 버전을 다루기 위해서 알아야 하는 프로그램 언어입니다. 피오리라는 SAP 자체 툴을 이용해서 웹에 띄워주게 되는데 그 안에서 사용되는 프로그램 언어가 자바스크립트이기 때문에 알아야 한다는 겁니다.

물론 아직은 웹 버전을 안 쓰고 구 버전인 설치 버전을 쓰는 곳들이 많아서 사용되지 않을 수 있지만 점점 웹 버전으로 업그레이드를 해나가는 추세이기 때문에 기술을 배워놓으면 써먹을 순간이 올 겁니다. 그리고 잘 배워둔다면 향후 웹개발자로의 전향도 생각해볼 수 있습니다. 그 근간이 되는 기술은 다 무료로 실습해볼 수 있기 때문에 독학은 가능합니다. 그러나 웬만하면 국비 지원 과정을 통해 배우는 것이 채용 연계도 유리하고 배웠다는 인증서를 받게 돼 굉장히 우위를 점할 수 있습니다. 반면에 유료 교육과정의 경우 비싸다는 단점이 있지만 투자라고 생각하고 들어놓고 교육인증이나 자격증을 준비해둔다면 당연히 누구보다 취업에 우위를 점할 수 있습니다. 그럼에도 독학으로 취업하는 것 또한 불가능한 일은 아니니 예습한다고 생각하고 먼저 독학을 경험하면서 준비해두시는 걸 추천합니다.